課綱
在你我之間

新課綱在苗栗

徐永鴻 **主編**

指導單位
教育部／教育部國民及學前教育署

The course is
between you and me

c o n t e n t s 目次

縣長的話　/ 001
處長的話　/ 003

行政組 │ Administrative group

首獎 For children, just do it! 為了孩子，做就對了！　/ 007
———————— 葉雯・李雯琪

首獎 由新課綱發展接地氣的Care課程　/ 029
———————— 呂晶晶・郭彥志

優選 落實十二年國教新課綱——偏鄉教育動起來　/ 055
———————— 張文峰

優選 與十二年國教核心素養課堂的相遇與望見　/ 071
———————— 陳怡君・謝志國

優選 教育可以不一樣——從無到有的校園觀議備課文化　/ 097
———————— 吳憶菁

優選　**課綱在你我之間**　/ 105
　　　　　　　　　　── 蔡鳳娥

優選　**至愛梵谷　現實與理想交織的校訂課程**　/ 123
　　　　　　　　　　── 羅靖姈

優選　**課綱，讓我們遇見幸福；課綱，讓我們一起翻轉**
　　　　因為，我們是蝸牛團隊！　/ 133
　　　　　　　　　　── 李夢雪

優選　**耕一畦校田　耘一畝心田　圓一個課程實踐的夢**　/ 143
　　　　　　　　　　── 詹偉宏

教師組 ｜ Teacher group

首獎　**一切都是這麼自然──從長篇小說到自然科的閱讀式**
　　　　分組合作學習　/ 163
　　　　　　　　　　── 董愉玫・朱紹文

首獎　**課綱與我的改變──為了孩子，我踏出的一大步**　/ 171
　　　　　　　　　　── 賴玫卿

優選　**「觀課中的我」──第一線教育人員如何看待公開觀課**
　　　　經驗與因應策略　/ 187
　　　　　　　　　　── 黃淑麗

優選 **新課綱健體教學的教學風貌** / 197
———— 謝明倫

優選 **行行重行行：教學歷程省思與新課綱精神實踐** / 205
———— 卓秋碧

優選 **從十二年國教總綱、領綱看素養導向教學** / 215
———— 彭正翔

優選 **課綱，在你我之間** / 235
———— 周夢詩・黃雅君

優選 **孩子──終身學習者** / 249
———— 楊先芝

　　《管子》〈權修篇〉：「百年之計，莫如樹人」，為培育符合二十一世紀需求的人才，世界各國紛紛發起一波教育創新浪潮。臺灣在時代潮流及學生未來等因素背景下，為落實適性揚才教育，培養具終身學習力、社會關懷心及國際視野的現代優質國民，於一〇三年公布「十二年國民基本教育課程綱要總綱」，並規劃於一〇八學年度起依照不同教育階段逐年實施。

　　鑑於新課綱將自一〇八學年度起實施，苗栗縣於一〇七年度首先規劃辦理「十二年國教前導試行學校協作計畫」，建立教師共備觀議課機制及素養導向教學設計，並透過國中小入選教育部十二年國教課綱前導學校協作計畫，安排系列性新課綱培力工作坊，辦理全縣國中小課程摘星計畫、課程博覽會等活動，完成學校實施新課綱前之整備工作。

　　「課綱，在你我之間」徵文比賽，是本縣推動新課綱一項創舉，目的在瞭解各校十二年國教課程與教學方案推動現況，並提供對各式縣內外辦理之十二年國教新課綱研習，參與之所學及心得感想。本縣此次參賽組別分為行政組及教師組，投稿作品相當踴躍，經外聘專家學者嚴謹審視後，將各組優良作品亦將編輯成冊，供全縣各級學校推動新課綱參考。

二〇一八年《天下雜誌》辦理全國縣市教育力調查中，苗栗縣勇奪「政策領導力」第一名佳績，顯見近年來本縣積極推動的各項教育政策，不僅成果豐碩，且深根發芽，耀昌在此感謝在教育崗位上各位夥伴們的用心與努力！新課綱是一個希望的工程，強調學習要與生活結合，透過實踐力行而彰顯學習者的全人發展。每當走進學校教育現場，耀昌總能看見許多改變正在發生，各校的蛻變令人期待的，個人殷切期盼，苗栗能透過教育達成「立足苗栗，邁向國際」的目標。

縣長 徐耀昌

一〇八年六月

　　新課綱的願景是「成就每一個孩子：適性揚才、終身學習」，讓孩子「適性」，找到自己有興趣、有熱情的領域，然後才能「揚才」，好好發揮天賦、擁有往目標前進的能力。

　　本處積極協助縣內各國中小校長、教師從認識、理解，到真實性的增權賦能，以落實推動新課綱，並成就本縣每一位孩子。藉由一連串系統性工作坊，給予課程領導人能量；並輔助各國中小爭取各項課程研發與辦理增能的機會，讓新課綱的小樹苗在本縣慢慢深耕與茁壯。

　　「課綱，在你我之間」的徵文比賽，是希望藉由師長們的省思筆觸，去記錄與反思在校訂課程、共備觀議課、素養導向教學的過程中，所做的努力、遭遇的難題，以及與校內同仁共同對話、研商撰寫課程的歷程。在這次的作品中，行政組首獎的兩所學校——大南國小以及建中國小，將學校發展的歷程，清楚記錄所有課程的累積經驗。優選的作品中，許多課程領導者以身為一位課程的推動及實踐者，敘寫出轉變的過程與實踐的點滴。教師組的首獎，不論是烏眉國中或建中國小的獲獎教師，因為對學生的愛，希望讓學生的學習變得更有趣，願意從自己開始動起來，積極的改變自我，成就每一位學生。

改變真的很不容易，但看到這麼多的校長、主任及教師們，願意挽起袖子為孩子的學習齊心動起來，是多麼令人感動！我想，這不就是教育人透過彼此的互動與共好，而產生無限正向循環的最佳寫照。

　　新課綱推動在即，讓我們用行動展現苗栗教育的力量！

處長 徐永鴻

一〇八年六月五日

行政組

Administrative
Group

For children, just do it!
為了孩子，做就對了！

大南國小　　葉雯・李雯琪

前 言

And both that morning equally lay

那天清晨二路並置

In leaves no step had trodden black.

落葉滿佈，未經履踐，

Oh, I kept the first for another day!

噢，且將前路留待他日，

Yet knowing how way leads on to way,

但我知道人世間阡陌縱橫，

I doubted if I should ever come back.

我不知道未來能否回到原處，

I shall be telling this with a sigh

我將於未來一邊嘆息一邊敘說，

Somewhere ages and ages hence:

在某個地方，在很久很久以後，

Two roads diverged in a wood, and I –

曾有一林分出兩路，

I took the one less traveled by

我選擇了人跡稀少的行走，

And that has made all the difference.

結果後來的一切截然不同，

……節錄自（*The Road Not Taken*）—Robert Frost

　　與夥伴同行的這段新課綱試行之旅，讓我不自覺想起這首佛洛斯特的《未行之路》。在這段同行旅程中，我想共行的夥伴們有著相同的信念，認為「選擇」是一種眼光、一種勇氣，更是責任的體現；而「共行」是相互扶持成長之路，更是相知相惜的幸福緣分。

壹　起點

一｜第一問：課堂的上我們都在努力，但，為何總還是見到一樣的
　　學習風景？

場景一

　　老師：「那位快睡著的同學把口水擦一擦，現在我們再把課文唸一次！」「好，接下來請各組同學就這個主題畫表格分類寫出現象和影響因素，然後提出『自己的看法』，並且『仿照課本舉例說明』，最後請派代表

上台報告。」

學生甲：「什麼自己的看法？課本哪裡有可以抄啊？我找不到！」學生乙：「去別組看看有沒有可以抄！」學生丙：「等一下你們去報告啦，我不會講也不敢講喔！」學生甲、乙：「我也不要！」老師：「平常話很多，要討論都不講話，還不趕快畫表格！」學生甲：「哎呀怎麼畫表格啦？要畫幾格？兩格嗎?裡面寫什麼?」

場景二

老師：「我們上完這一單元了，請同學要記得開班會的流程，來，我們一起唸一次，順序不要記錯囉！」

學生：「我會開班會，開班會流程：1.班會開始、2.主席報告、3.幹部報告、4.提案討問、5.臨時動議、6.教師指導、7.……」

期中定期評量後，老師在課堂上檢討考卷。

老師：「大寶，這個開班會的順序我們上過了，臨時動議是大家事情討論完決定後才提出的啊，怎麼會順序寫顛倒呢？」學生：「老師，【動議】是什麼東西啊？」

場景三

老師甲：「這些孩子真傷腦筋！我教乘法的時候就用乘法，我教除法的時候就用除法，現在應用問題要兩步驟就通通搞混在一起了，完全被打敗！」

老師乙：「是啊，我也碰到一模一樣的狀況，以前教他們幾的幾倍用乘法，換句話說就完全被打敗了！」

場景四

下課時，走廊地板上出現一攤打翻的牛奶！

老師：「誰打翻的？怎麼不處理？是要留到明天發臭嗎？」

學生甲：「好像是大明打翻的！」

大明哭哭啼啼：「又不是我！我剛好裝了牛奶，小寶跑過來撞到我就打翻了，又不是我！」

小寶：「他也撞到我啊！也不是我一個人打翻的！」

兩個人僵持著，路過的同學來來往往，還有在溜蛇板的，牛奶依然在地上……

學校的老師們每個都很認真，上課前都努力翻過教師指引，上網蒐集補充教材；依照時間上課程進度，保留時間複習，也不忘在紙筆評量前讓孩子反覆練習做到精熟；在生活中也極有愛心，給予孩子周到的照顧，噓寒問暖，隨時叮嚀注意應帶物品，提醒整理座位整潔……下課不聊團購、不聊大特價，總是討論孩子們的狀況，可是，話題卻總是無奈地：「孩子總是好被動，一個口令一個動作，上課一副快死的樣子，叫他們討論都討論不出東西，只有聊電玩才有精神！」「今天教過過兩天就忘！考這麼簡單也寫錯，根本就沒有用心背！」「現在的孩子真的是……以前我們回家還要幫忙煮飯，早上起床還要先打掃家裡！這些小孩垃圾就這樣掉在地上大家踩來踩去也沒人撿，唸他一下他就說又不是只有我……以後要怎麼辦啊？」又或者是「最近學校活動好多，我這些單元內容根本教不完，只好拿別的課來趕了，要不然考試怎麼辦啊？」

捫心自問，我們都很認真，但是面對教育現場，卻也常感無奈，是時代變了嗎？是認知錯了嗎？是方法錯了嗎？還是用錯力氣了？

二│第二問：孩子，你的未來掌握在你手上，但此刻，我用什麼許你一個面對未來的信心與勇氣？

當踏入教職的那一刻起，每一時、每一刻我們都帶著孩子走在時代的巨輪上，或許天天月月年年日子平淡而真實，但時間就這樣一去不復返，孩子也這樣日復一日長大，這段陪伴的光陰，是虛晃蹉跎，還是注入養分？是用盡能量依然只能眼睜睜地讓彼此掙扎，還是在交會的時候能夠有些許觸動而互放光芒？我常想：「每一段師生的交會都是緣分，孩子，雖然我無法預見你未來的風景，但是，我希望不要白陪你這一段，肩頭上的是

責任、是義務、是踏入這個工作的天職！」現代社會的瞬息萬變，常常讓過往孜孜矻矻、一步一腳印的這一代措手不及，教育雖然有很大一部分是傳承，但已經無法用過去的經驗讓下一代承襲面對未來，身為老師或家長的我們都知道「給下一代魚吃不如給釣竿」，也瞭解唯有引燃動機與熱情，並持續保持毅力，才是面對變化萬千未來的關鍵，然而，用什麼素材？需要什麼樣的環境？怎麼培養？用原本的教材老老實實的照本宣科，難道就是抹煞創意？跳脫框架、挑戰創新，難道就能確保學習可以深化？作為與不作為之間如何拿捏？肩上的擔愈想愈沉重，然而能做的又有多少？

從過往知識導向教學到九年一貫強調的「帶得走的能力」，小學的課本內容活潑了，教材也多元了，但是，教學現場仍背負著有形或無形的框架，老師們仍受縛於課本教材的知識內容，心中存著「趕進度」的壓力，不由自主地受考試所綁架……如果，我們期待孩子能以批判思考取代抱怨，以積極投入代替被動懶散，能將所學整合靈活應用於生活中而非生活白癡，那麼，「教育之道無他，唯愛與榜樣而已」的我們，是否願意先行這條未行之路呢？

貳　整裝待發

一│「掂掂斤兩」──學校背景分析及現有資源盤點

所謂「知己知彼，百戰百勝」，認識自己、瞭解自己、尋找目標、搜尋策略是生涯發展的重要課題。同樣的，我們必須問自己為何做？做什麼？我可以怎麼做？問題思考的六個W（六何法）是我們常在課堂上引領孩子討論的策略，同樣也適用於新課程計畫的推展，先認識新課綱是什麼，如果現狀安穩舒適，為什麼要改變習慣再建構？釐清彼此的想法，確認我們有一致的大原則與大方向後，接著是瞭解需要且可以著手的點在何處，給自己定義與定位方能站穩腳步，畢竟沒有一個成功的典範或經驗是可以套

用在自己的身上的，雖然前行者提供了許多參考借鏡，但是路依然需要靠自己走出來。如同我們常會批判教科書上的舉例彷彿是另一個世界（如搭乘捷運、坐飛機這些教材內容對偏鄉孩子來說簡直是電視上的劇情），只有從自身的需求出發，盤點自己的現況才能整合出學校本位課程的方向與定位。因此，我們藉由教師彼此表達教學現場的狀況與自身看法想法，盤點歸納出學校背景分析與課程藍圖，依此為地圖按圖索驥，指引前行。

二 │「工欲善其事，必先利其器」──行政配套、排配課與協同教學規劃

小型學校在人力配置上一直面臨捉襟見肘之窘境，但這種狀況亦是雙面刃，人力的不足使得行政與教師間除卻了可能有的鴻溝，不再壁壘分明，行政端也擔任第一線教師，比較容易同理教學現場所面臨的問題。而因此項業務攸關全校整體課程發展，也與教師日常工作緊密相關，自然無法置身度外。行政端以同樣身為教師的立場，預先備妥課程發展需要的軟硬體配套，也在現階段結合前導學校計畫，做好每週兩節全校試行校訂課程的共同排課與配課，並安排科任（行政）教師擔任協同教學教師，同年段的兩位教師，加上至少一位協同教師，形成小型的課程發展群組，共備共學共做外，也方便觀議課的進行。

參　呼朋引伴，旅途良伴
　　（核心小組、共備社群、公開觀議課）

好的旅伴影響旅行的品質，研習場合那句時時被拿來激勵人心的「一個人走走得快，一群人走走得遠」，雖是老掉牙的話，但在現實中卻是不可否認的事實，所謂「眾志成城」，在校園中的課程變革往往是牽一髮而動全身，單槍匹馬關起門來在教室內實驗，影響層次不若全面推動廣且快，因

而，招兵買馬，尋求志同道合的友伴，勢在必行。

一｜「呼朋引伴第一招」
──組成核心小組共享團隊智慧

　　雖然本校屬於小型學校，在課程推動上具有大型學校所沒有的溝通便利性，但在滾動式修正且具實驗性質的課程改革行動中，若要講求有效率的方式「起而行」，除了一邊由擔任領頭羊的校長帶領行政和全校教師一起理解新課綱、導讀總綱之外，招募願意嘗試變革、具有熱忱且願意「身先士卒」的核心小組試水溫，再擴散推廣，亦是新課綱推展的加速利器。

　　小校因為人力有限，往往無法讓每一位老師常常到校外增能研習，先由核心小組參加校外研習與進修，將心得與收穫帶回學校分享，進一步組成工作坊，先行實作新課綱素養導向的課程設計，核心小組內也有各領域的專長教師，因而能組成迷你的跨領域教學設計團隊，在一個領域或一個主題的課程設計中，發揮所長並彼此補足所欠缺的視角。小組內成員較少，要共同訂定討論時間也更具機動性，核心小組所遇到的困境與修正經驗，也可藉由分享而減少全校共備時所走的冤枉路。

二｜「呼朋引伴第二招」──教師專業共備社群聚焦於「校訂課程」產出與教學

　　從教師專業成長計畫開始，察覺教師社群若定位在課程與教學的研討，能收事半功倍之效，減少小校教師單打獨鬥的困境。因之學校近兩年來持續申請教師專業社群，因為是小校，全校教師都加入社群，因此，雖然小校在橫向方面無法有學年會議，但是因為每一個年段都有教師參與投入，因而能顧及兒童認知發展及課程的縱貫性銜接。而在資源盤整時，就將教專社群焦點定位在新課綱素養導向教學的研討上，先讓校內教師意識課程改革的背景需求與趨勢，老師們漸次體認到新課綱的勢在必行，接著從認識新課綱精神與內涵開始，進一步到課程設計實作，課堂教學的共

備、實踐，乃至觀議課運作，在級務、行政業務有限的時間中，利用教師社群訂定的時間按照計畫一步步導入新課綱的理念與實際。因為共體共感，所以沒有人是局外人，分擔共同的磨練考驗與分享共同的經驗與進化的喜悅。

　　雖然規模六班以下的小型學校，在教師專業社群的組成上，有著全校可以一起成立加入教師專業社群的便利性；但是在課程與教學的探究上，一直都面臨缺乏夥伴可以討論的窘境，同年級同領域的教師只有一個人，無論是導師或是科任教師，都面臨單打獨鬥的情形，雖然有專家學者或計畫提出「與鄰近學校合作研討課程」的模式，但是一來偏遠學校的「鄰近」學校往往都有一段距離，而且各學校因校內發展的需求，發展主軸或行事曆上也不容易配合，所以實際上這種長期與他校合作的模式非常不容易建立，六班以下的小校因此在年級領域課程與教學的精進上，難以採教師社群的模式聚焦。過去的教師專業社群常常會採用某一領域學習為主題，如閱讀教學、寫作教學等等，並且研討時還須分年段分別討論，在討論到非自己任教的年段時，老師們往往會產生「這件事和我沒有迫切性關聯」的想法，因而失去教師專業學習社群設立時的「自發性」、「積極性」目的。雖然教師間的日常還是會出現：「這個單元好難教啊！很抽象小孩都聽不懂」、「我快氣死了！這個部分我一說再說，他還是不會！要怎麼辦啊？」等將焦點關注於學生學習的內容上的對話，但是召開教師社群時卻無法將日常教學的困境及時與社群精進內容聚焦，使得社群的設立難免有些流於形式化。但是，當我們把新課綱素養導向校本（校訂）課程作為教師專業社群成長的主軸時，不同年級教師間對於課程與教學間的對話開始有了清楚的聚焦，過去窒礙難行的推動阻力彷彿也得到了紓解。

　　新課綱中強調素養導向的學習，也重視各校的校本課程發展，無論前者或後者，都和每一位教師產生密切的關聯性，也都讓教師不得不重新聚焦，再次審視校內教學現場的問題和學校校本課程未來的發展。相較於九年一貫教改的內涵方式，十二年國教新課綱的素養導向，更關注孩子的學

習方法與態度，也強調養成終身的學習者。在藉由課程改革引領孩子進化前，老師們首先就必須面對與認知新課綱的理念與內涵，全校教師以理解新課綱作為社群研討起點，請來具有種子教師資格的講師帶領，讓老師們從現有的不足探討新課綱施行之必要與其精神內涵，再讓社群教師以工作坊形式探討課綱內涵，更進一步參與課程與評量設計，並相互分享省思，唯有經由教師群透過自身教學經驗的省思與探究，「知其然，更知其所以然」，才能逐步消弭對課程變革的抗拒，理解新課綱的意義與重要性。

　　此外將「校訂課程」列為教師社群之主題，讓所有教師參與校訂課程設計與規劃，藉由共備共學，一方面解除教師獨自面對校訂課程設計與授課的壓力，另一方面，也打破過去常見的學校特色課程推動由行政端主導的視野框架，以及行政和教師間兩端間的距離。在校訂課程教師專業成長群組內，不分行政或教師，非為業務指派交辦，也非為僅止於班級內的小型課程實驗，所有教師（含校長及行政人員）皆站在「聚焦學生學習」、「發展適合學校學生之校本課程」為立足點之平臺，共同盤點學校現行教育之優劣勢、整合出校訂課程的發展需求，再經由共備工作坊型式產出課程設計，並實作檢討，如此循環修正的歷程，一步步擘劃建立本校素養導向教學校本課程可行的架構，因為有共同的討論素材——校訂課程，有共同的目標——如何融入素養導向的教與學，這種「我們同在一起」的共同使命感，使得在社群內來自不同年級、不同領域、不同職務的「異」，頓時成為求同最豐沛的能量。因為不同年級，我們可以縱觀本校兒童學習發展的全貌，課程設計與評量上得已因具備前後年段學習鷹架的考量而更連貫；不同領域與不同專長，使我們在課程設計上更便於跨領域，並使得學習更符合生活情境脈絡，而非因單一教師視野有所偏頗；因為職務的不同，讓我們看見在教學推展上彼此的困境與需求，因為分享共擔而同感體諒，因體諒而尋求更全面性的課程與教學考量。

三 | 「呼朋引伴第三招」──公開觀議課聚焦於提升孩子學習效能

　　教師們過去認為「教學觀摩」是年度大戲，彷彿是教學能力評鑑般，被安排到的老師心驚膽戰、戰戰兢兢地完成一場教學演示，當然免不了事前的演練及對學生的叮嚀，然而自教師專業成長計畫開始，漸漸讓教師意識「打開教室大門」不是要一場完美的演出，或是惶恐等待一個萬箭穿心的批評大會，教學現場的公開，主角從教師到學童，協助用彼此善意的眼睛，觀察教學設計下學生的學習狀況，在省思與回饋後修正精進課程設計與教學。

　　本校在試行校訂課程時，即已安排校長及教師公開觀議課之時程表，從校長開始擔任領頭羊率先公開授課，至教導主任與教師，逐一完成所有教師之公開授課，也讓教師漸次熟習「共備、說課、觀課、議課」之程序及觀察回饋重點，此與教育部頒布的「國中小校長及教師公開授課參考原則」政策背後精神不謀而合。

　　以上學期一堂數學公開授課為例，教學夥伴們先利用週三下午共同準備三年級數學乘法單元；在下一週三觀課時，夥伴們共同觀察了一堂原班數學的課及另一堂均一數學補救教學課，同樣的數學單元，因學童能力的不同，兩位老師實施不同的教學教材及流程。觀課的老師們，一位老師只專心觀察一位學童的表現，並逐一記錄特別的事件。在議課時，邀請每位老師逐一說出所觀察該生課堂表現，並從其外顯行為推估探究及背後可能原因，最後善意提出相關建議給予授課老師，如果是自己的話，會如何調整剛才的教學流程。這一幅幅老師們在信任氛圍下為讓學童更好而聚焦於教學的對話畫面，正因公開授課持續發生在校園中。

肆　坐而言不如起而行──出發囉！

一 ｜ 素養導向教學實踐過程──本校校訂課程發展之旅

　　杜威曾說：Learning by doing，一語道盡「做中學」的重要性；而本校團隊認為「從做中思」（Learning by reflection on doing）更是身為專業教師的必經之路，因此透過不斷的課程教學實作及實作後的交流省思，作為下次滾動修正的一方沃土養分。

　　課程設計之初，教學團隊因意識到偏鄉學童學習上的相對弱勢與需求；貼身觸及現代學童身處聲光刺激，對於課室學習普遍缺乏熱情；對自我不自覺受限於僵化教材與進度壓力的教學感到無奈……不忍自我及孩子的點滴歲月就在這樣的「復刻」中流逝；渴望能點燃偏鄉學童對學習的動機；嘗試打破慣性的教學思維與措施，本校自一○六學年度起申請縣內前導計畫，至一○七學年參與教育部前導學校計畫，蹣跚邁開步伐，從蒐集資料開始，向專家或前輩請益，進行典範學習，接著盤點分析學校優劣勢機會與學生圖像、凝聚共識擬定學校願景，再一步步嘗試課程設計與教學現場實作，透過社群與觀議課做省思互動回饋與修正……這段「現在進行式」，參與的人從校長到教師、全校老師與學生、甚至部分課程也與社區居民或家長結合，雖然目前先僅就每週兩節的彈性校訂課程進行設計與試做實驗，但是背後卻有著全校動起來的深層意義，因為有夢有希望，所以我們攜手前行！

　　這段「素養導向課程實做ING」依上路時程，可略分為前人指點認識新課綱的「多看多聽多說醞釀期」、相互磨合凝聚共識的「資源盤點能量整合備裝期」、再進入初探的「大膽設計小心嘗試出發期」、後續「邊做邊修滾動修正進化期」、「互饋省思辯證澄清精進期」，就如同一段同路的旅程，雖然有類似的想望與目標，但是每個時期參與者都帶著自身不同的特色與原形而來，甚至對旅程懷有各自的想像，在一次次對新課綱的理解表達、課程設計共備共做、現場教學實作與省思中，經歷修練與磨合，每位旅伴

皆蓄積不同的能量，再繼續向前。過程中老師們為了課程設計更符合現場教學的需求，必得回去「練功」，養成各種能力，有的搜尋歸納資源能力變強了，有的資訊科技能力進化了，也有夥伴不知不覺中就跨領域了，我們常常邊共做邊笑著說：「我們老師應該是現在最具素養能力的人，為了課程設計，我們不斷自主學習，還要一直互動討論，也應該有完成共好吧……」，這又讓我想到所謂「教育之道無他，唯愛與榜樣而已」，老師們體現的，不就是這件事嗎？從自己做起，體驗實踐「終身學習」，新課綱上路，就是放下我執，從自己開始！

（一）「同行旅程第一、二站」——「**多看多聽多說醞釀期**」、「**資源盤點能量整合備裝期**」

　　一〇六學年度申請縣內前導學校計畫，因為校長已先行上路開始研修新課綱內涵，嘗試以種子教師的視野，帶著學校老師認識新課綱施行迫在眉睫的需要，並依據學生圖像等背景需求，重新審視擬定學校願景。在一〇六學年度的期末及寒假，全校教師即以共備共學的方式進行為期三日的校訂課程設計，整合校內其他計畫，擬定出校訂課程主軸，並讓老師們依志願分組討論，歷經發表分享與修正後，各自完成下學期校訂課程教案。

（二）「同行旅程第三站」——「**大膽設計小心嘗試出發期**」

　　一〇六學年度下學期開始依據教案進行課堂實做，而教師增能與計畫推展方面，除了同步鼓勵學校兼任行政或領域專長老師參加新課綱相關研習，另一方面也邀請已先試行的學校校長到校擔任工作坊的講師，分享資源盤點與課程地圖整合、推動時程表擬定之經驗。老師們因為有了實戰經驗，所以在與講師討論起來就容易進入狀況，容易察覺優勢或欠缺與不足。這一年增能及校訂課程的執行經驗，對於學期末的成果檢討，以及一〇七學年的課程設計上，可以很快的聚焦。

（三）「同行旅程第四站」──「邊做邊修滾動修正進化期」

　　在進入一〇七學年的暑期，全校教師在共同備課時，藉由上學期期末檢討的結果，對校訂課程設計進行調整與修正，核心小組也嘗試檢核課程設計在執行層面的困難與疏漏。雖然本校已歷經上學期多次的校內成長研習與討論，也有實際執行的經驗，然而仍會出現教師在設計課程上的盲點，或是課程受其他課程與活動的干擾而臨時調整或縮減，也有老師因為每週兩節課卻需耗費許多心力與時間而顯露出不諒解……如果說決心上路後，就如同公主與王子攜手的童話故事一樣從此幸福美滿，這是超現實且不合理的。在旅途上，各自帶著對目標不同的想望，和種種現實不可預期的因素，原本就會出現分工不均、各持己見或彼此不同調的內在差異，更遑論外在出現的阻礙。而面對這路上種種的「小石頭」，我們只有回到初心，找尋當初一起上路的初衷，再互相給予肯定或建議，調整路線，讓行囊充滿了「勇氣」再繼續前行。

（四）「同行旅程第五站」──「互饋省思辯證澄清精進期」

　　一〇七學年度下學期，因為經過前兩學期現實面的考驗，在分工上採更可行的模式，讓合作起來更便利，也使得老師們在課程設計與實踐上更精準到位。核心小組在這個階段，也將過去積累及增能經驗，轉化為一〇八學年新課綱每個年級素養導向校訂課程的方案設計（小系統），在同步試行課程與下學年課程計畫設計過程中，即便是核心小組成員，因為教學現場所積累的問題不同、個人教學生命歷程的不同，依然要面對各自教育價值觀的差異，在合作中也再度歷經檢視與澄清。對我來說，有趣的是，無論價值異同，有對話就代表著關注，有歧見也正是成長的開始。

　　有鑑於教師對於素養導向的評量設計普遍存有疑惑，這學期也規劃了評量設計的增能研習與實作討論。過去的教育模式最為人所詬病的其中一項弊病即是「考試引導教學」，在歷經多年教改後仍無法掙脫此桎梏。因為沒有升學壓力，小學階段相對來說應是受限較小，但是平時成績有時候仍

缺乏規準，在定期的紙筆評量上又容易流於背誦性知識或與生活脫節。因此，素養導向四原則融入評量設計，也是本校努力的目標。在校長帶領討論下，除了討論質性評量規準的設計，在紙筆評量命題上，也一起參考近年國中會考題目，以及部分國小案例。在過去一開始的討論裡，我們都曾面臨心裡的：「太複雜！」、「做不到！」、「不可能！」，只是，有人選擇說出，有人選擇在心裡存疑，也有人選擇試著理解，這一切存疑，在實際進行評量設計後稍稍化解，而討論與實作雖然只是個起點，但也證明了只要願意開始，永遠都不嫌遲。

二│素養導向教學實踐原則內涵
──本校校訂課程發展景點風光

本校自一〇六學年度下學期起全校實施每週兩節校訂主題課程，至今已歷經三學期的調整修正，以下以本學期校訂課程3.0版「旅蛙呱呱呱」戶外教育課程實施為例，以素養導向教學四原則為檢核，說明本校教學實施美景。

「旅蛙呱呱呱」戶外教育課程實施的發想，起因於三年級社會領域教科書裡提及戶外教育規劃流程，內容寫到「由學童自行上網蒐集路線、學童發表、最後表決戶外教育地點，並進行分工、回校省思」等順序。但事實上是，教科書裡所提及的美好理想在現實校園中並不是這麼一回事，通常只是由行政端規劃，學童配合進行學校規劃的套裝行程而已，而學童在過程中學到的就是背熟課文順序，即可考試過關，但是真實生活並非如此讓孩子參與。

所以本校團隊決議以彈性課程為「實習工廠」的概念，實際申請與新北市某校的兩天一夜城鄉交流，讓孩子在準備交流過程中將所學知識技能實踐在真實生活情境中。

（一）整合知識、技能與態度

　　課程設計的發想，低中高三個年段教師分別探究我們希望孩子在戶外教育交流過程中學到什麼。低年級的孩子從未離開過父母身邊過夜，而這一次的旅程，孩子將會在外面過夜，獨立洗澡、睡覺、盥洗等，如此的改變對小小心靈的衝擊可想而知，所以低年級此次課程重點聚焦於探索與自理的準備。中年級的學童正是最有創意及喜好表達的階段，因此團隊決定中年級學童要設計手作三樣具有社區特色的見面禮送給對方，並且大方表達家鄉特色。高年級學童由於能力與思想均已較為成熟，本次重點請他們製作簡報與對方學校報告本校特色，並且規劃行程，並在第一天的晚上擔任晚會的主持人帶領學弟妹們進行活動。

　　以上的課程規劃，均是藉事練心，讓孩子在課程中藉由真實城鄉交流的發生，讓孩子整合知識技能與態度學習，如此的課堂，完全擺脫傳統「坐中學」的課堂，使得孩子得以在課堂上動起來，不停思考修正完成任務。這樣的轉變也是經過多次校訂課程學習後才逐步到位的。

　　本校1.0版的校訂課程設計，剛開始以老師既有的刻板印象，容易偏於著重某一層面的設計，如「社區焦點」，因為是第一次的校訂自編，課程設計較偏重於認識社區的知識面，及繪製地圖、校園素材繪製的技能面，在2.0版相似主軸的課程「社區趴趴GO」，除了讓孩子更主動深入探索社區環境，製作社區特色簡介廣播、短片，也進一步讓孩子在體驗長者生活的不便活動後，能化為行動至社區關懷行動不便的長者或獨居老人，整體課程讓學習更完整深化。又如本校的「食農教育」主軸，有老師在課程設計前表示自己缺乏種植、農業等相關知識和技能，惶恐於不會教學，但是在歷經共備課程設計和教學實踐後，才瞭解食農教育涵括和生活相關的各個面向，包含了知識情意和態度的綜合展現，不是要培養一個農夫，也絕非只要學生學習務農的知識或技能，生活本來就是無法抽離僅應用知、情、意單一層面，學習若無法整合活用，知識將是死的、空有技能卻無法判斷適用時機、缺乏態度，以至於誤用了知識和技能，因此，課程設計時，課程

主軸在知、情、意三個層面表現的雙向細目檢核表，將有助於整合性的課程設計。

（二）情境化、脈絡化的學習

在本學期校訂課程3.0版「旅蛙呱呱呱」戶外教育課程中，提供學童真實的學習脈絡，以四月底即將到來的兩天一夜城鄉交流為學習場域，學童從二月開學至今，在每週兩節的校訂課程中，進行不同的準備學習工作。

低年級學童在教師引導下，結合生活課程相關內容，學童學習生活自理能力（包括摺衣服、刷牙、洗澡、洗頭、摺棉被等），教師們直接帶學童至學校宿舍中，邀請學童練習，並輔以闖關活動驗收讓學童挑戰自我。同時並結合閱讀等精神，透過繪本閱讀與探討，與孩子對話成長的喜悅與獨立的挑戰，讓孩子能自信迎接即將到來的人生第一次外宿行。

高年級學童則緊鑼密鼓地進行簡報製作與行程規劃，某組同學發想出，要介紹學校一定要先介紹學校願景讓大家知道，而最瞭解學校願景的，非校長莫屬了，於是孩子們積極的與校長約時間進行訪談錄音拍照，並進行後製逐字稿謄寫與簡報製作。

以上這些學童邁向自主學習的美景均是在真實脈絡情境中發生，因為孩子們的眼前正好有一個真實的狀況等著他們去面對、去解決。過往無論是學習的內容或是學生學習的表現，常常是片段零碎且抽離於生活情境之外的，因此就有了「學這個單元熟悉這種解題方式，學新的單元就把舊的忘光」的情形發生，抑或是出現「簡單的生活困難卻無法應用所學反映解決」的狀況，但有了素養導向教學所強調的「情境化、脈絡化」學習原則，就能在課程設計端改善這種「學無法致用」的狀況。在「情境化」的課程設計方面，因為須結合校特色，而校本特色又是依循學童生活情境出發，因此老師們設計時多會融入孩子日常生活情境，如經由「食農教育」主題，孩子們得以瞭解從規劃種植到管理、收成要具備各種能力，如一開始的資料蒐集、作物選擇、種植面積計算，到過程中植物病害、營養不良等照顧

問題，以至於收成後的作物料理，全都緊密地與實際生活切實相關。孩子們從過程中發現，父母日日務農的工作需要必須具備充分的知識及能力，才能做出合宜的選擇與作為，而每天的茶來伸手、飯來張口，也唯有在親自嘗試料理後方能理解到「天下沒有白吃的午餐」，並在過程中建立自信。而課程設計的「脈絡化」原則，除了真實的情境脈絡，也嘗試完成縱向邏輯性的課程設計，再以「食農教育」主軸為例，本校歷經兩版修正變革，在課程3.0版中，老師們訂出低年級重「探索與體驗」、中年級著重「理解與創意」、高年級需要養成更高層次的「問題探究與解決」，並且給予每個年段貼近生活的情境脈絡背景。

（三）學習歷程、方法與策略

　　在本學期校訂課程3.0版「旅蛙呱呱呱」戶外教育課程中，學童必須想辦法以現有知識及能力來完成教師提供的表現任務。目的在於訓練孩子找出方法與策略，以便將來在面對相關情境時能學習遷移，解決一個又一個的生活問題。

　　以中年級課程為例，孩子要完成三樣城鄉交流時送給對方的見面禮，從發想開始，大家相互腦力激盪：代表社區的農作物有哪些？這些特色物產如何轉化為小禮物送給別人，於是孩子們從發想、查資料開始，到轉化為設計草圖，做出成品的過程，也經歷一次次的失敗挑戰，再在從上一次失敗經驗中調整改變，最後終於做出見面禮時，孩子心中的滿足與成就感絕非外人所能道也。

　　「給魚不如給釣竿」，唯有自身建立的學習方法與策略，才能達成真正深刻且有意義的學習。十二年國教的「終身學習者」的理念，就是希望孩子深刻體驗學習歷程，並嘗試、修正及建立學習方法與策略，養成「活到老學到老」的態度。本校在以發展或正發展的校訂「社區主軸」、「閱讀主軸」、「食農主軸」、「戶外教育主軸」，老師們都著力於讓孩子學習運用不同策略進行學習，並給予孩子省思檢討與回饋的機會，孩子就在這種回顧

自我的學習歷程中，做下一次的修正進化。

（四）實踐力行的表現

在本學期校訂課程3.0版「旅蛙呱呱呱」戶外教育課程中，一反過去教師決定地點後，安排妥當一切的校外教學模式，讓孩子參與校外教學的前置作業討論與設計，不同年段須完成不同程度的戶外學習前準備，準備過程中，孩子們因為參與了行前準備，相對提升自理或規劃行程等能力，也對戶外學習充滿期待並有了責任與使命感。

整段課程最美的部分，會發生在不久的將來，因為四月底的城鄉交流即將來到，彼時，孩子們將會發現過去兩個月的準備在真實的交流活動中真的可以一一派上用場，也會因發現所想的與真實的有所落差，在認知失調再修正的過程中，孩子的素樣又再度提升，而返校後的省思學習又是幫助下一次更進步的學習調整。對孩子與老師而言，在課程實踐過程中，學習永遠都是現在進行式。

伍　回頭看，休息一下，為了走更長遠的路（課程省思與修正）

一 ｜ 「豐富旅程細數戰利品之一」
──校訂課程1.0版與省思

一〇六年下學期全校教師分為三組（三個主軸），同一主軸的小組設計了兩套主題的校訂課程，換言之，一個學期共進行了六套主題課程，從校長帶領認識總綱開始，老師們學習校內資源盤點、學校願景及學生圖像確立，到主軸、主題確認，平日已極有默契的老師們，也著實花了一番功夫定案，而小組憑藉總綱及部分已頒布之領綱，發揮各自教學專業，設計出符合學校特色的精彩課程，雖然過去有共同設計活動課程的經驗，但這是

第一次有系統的共備共做課程，第一次，充滿期待、塞滿夢想，充實緊湊得令人難忘，當然，也難免有著過與不及的遺憾。期末各組發表與回饋時，老師們紛紛表述對這學期校訂課程的經驗感受與建議，將意見綜合歸納。

授課老師們覺得跳脫教科書框架的課程讓孩子們有不同的體驗，課程設計也讓小朋友的學習更貼近校園生活，也有老師在課程中欣喜的發覺平日學業成績不佳的孩子卻另有其潛能展現。但是，這學期過多的主題，使得課程無法深入；其次，活動安排過多，使得學習目標不明確，無法確實達成差異化教學的預期目標；再者，教師缺乏共備時間，在平日繁忙的級務課務下，校訂課程的準備難免形成負擔。針對老師們提出的上述三點，在下個學期的課程設計共備前，就先確認修正的方向，首先，將主軸主題簡化，如此才能設計較為深入的學習內容；另外，也將單元目標簡化，不要為了貪多而使課程流於活動化，使得課程很熱鬧，學生的學習卻如蜻蜓點水；最後也安排下學期教師社群討論時間，希望課程設計藉由減量、聚焦來提升品質。

二｜「豐富旅程細數戰利品之二」
　　──校訂課程2.0版與省思

一〇七學年上學期，在經由上述省思做策略上的修正後，將原本的六個主題濃縮成三個主題，老師們各自按照專長興趣來自由分組，三個主題分別歸類於「食農教育」、「閱讀教育」、「鄉土踏查融入資訊教育」，精簡的主軸，使課程更聚焦，因為老師們的建議，也在課程規劃時，就儘量結合學校行事曆，希望能收事半功倍之效，一方面減輕老師們的心理負擔，一方面也讓課程更貼近真實生活情境，讓孩子更深入參與。在「簡化」與「深入」的重新定位後，老師群也漸漸調整出各組的執行步調與模式，也不再有那麼重的負荷，主動參與課程討論的意願較上學期更為提升。

經過一學期執行下來，團隊討論仍發覺有些欠缺考量的部分需要調整

改善，如一開始老師們以專長或興趣自由分組，就出現課程設計者未必是授課者的情形，如此一來，設計者覺得執行的預期效益有落差，而授課者也因為無法完全掌握設計者的原意，或上課風格不同，覺得教案實際執行起來綁手綁腳不太順利；此外，同一主題各年段各自發展課程，在期末省思與回饋時，就發現校本課程缺乏整體縱向的脈絡化，課程過於零散，年段能力間缺乏鷹架，容易出現課程過深或過淺，也有疊床架屋之嫌；另一老師們提出的困境，就是素養導向教學某些部分不知如何設計評量，因為校訂課程內容為自編，與其他領域課程比較，結構化相對較弱，造成老師們不知道如何著手設定評量規準，這種情形也特別容易出現在態度項目的評量上。

　　期末檢討這2.0版的檢討，在下一學期，首先改變教師課程設計群組，讓課程設計者為實際授課者，如此方能將設計立意執行到位，也有利於省思檢討；接著，同一主軸先由全校教師共同討論年段目標，共同檢視完成縱向課程設計的脈絡化，同時還能顧及橫向跨領域之連結；在評量方面，行政端也著手規劃素養導向教學評量的研習與實作工作坊，藉由專家帶領與實作，讓全校教師增能，也希望藉此確保學生能在課程中有更大的增能。

三｜「豐富旅程細數戰利品之三」──校訂課程3.0版

　　凡走過必留下痕跡，有了前兩版的經驗，本校校訂課程持續在滾動中修正，就如同素養導向強調養成終身的學習者，課程進化也是永遠的現在進行式。行進中，停滯時夥伴們討論所激盪出的教學點子；疲累時夥伴們的一聲加油打氣；孩子們在課程中進化的點滴足跡，將會是路上最美的風景與最好的回憶！

陸　結語──孩子的滿足笑容就是團隊繼續同行最大動力

「老師你先不要下課好嗎？我這還沒弄好，我想完成它……」，這話語出自一位平日學習態度消極、課業經常未完成的孩子口中，老師聽到的當下，心中感動滿溢，下課後趕緊跑進辦公室與大家分享。這發生在校訂課程高年級設計規劃學校簡介，團隊在Google平臺共作的任務課堂中，因為團隊熱切地想把任務完成，所以孩子有了這樣不要下課的請求。

課綱，在你我之間；課綱，更在師生之間美麗的上演著。"If a thing is worth doing it is worth doing well." 因為愛而前行，因為責任而不放棄，"Keep on going, never give up!" 慶幸這一路有你，真好！

由新課綱發展接地氣的 Care課程

建中國小　　呂晶晶校長・郭彥志主任

壹　孩子需要接地氣的課程與學習

　　從三年前開始，本校即進行接地氣的教育實驗與教學，從課程的共備、課程設計、實施到修正回饋，實施三年的學校本位課程，讓我們深刻體會到課程是「動詞」，是不斷修正的歷程。而引動教師思考的是孩子的學習動機、學習歷程與對課程的回饋。教師們常反思，孩子從課程中學到什麼？孩子是否有習得面對未來所需的核心素養？

　　過去學生接受的教育往往無法應用於真實情境中，教育關注的重點是孩子的紙筆測驗成績，所習得的知識與生活經驗脫勾，很少去瞭解外在社會的真實樣貌，缺乏勇於探索、實踐、分析、批判、解決問題的核心素養。我們認為，課程應從在地出發，讓課程接地氣，孩子應該具備公民意識，關心本土人事物、社會文史、藝文、生態議題，甚至是對多元文化與國際議題的關注與參與，使他們能經由跨領域的統整課程，素養導向的教學活動，透過探究、討論、實作、實驗、小組合作、實踐、分享、創發、

專題報告等，培養學生成為自主學習者、與人互動溝通合作者，進而成為終身學習者。

　　新課綱強調三面九項的「核心素養」，猶如一個硬體架構，規劃了課程學習的藍圖和布局，而素養則是啟動這個課程架構的軟體，讓學習具生命力。本校團隊從孩子的需求出發，我們相信每個孩子都是獨特的，課程、學習、教學與評量應重新被檢視，真正落實以孩子為中心，創造不同的教室風景。

貳　學校運作歷程

　　新課綱的推動，需要所有人的覺醒、力量與共同的行動，行政、教學、家長與社區需攜手進行，以下闡述本校新課綱推動之策略。

一｜新課綱推動與共讀

　　面對這一波的課程改革，不論是行政或是教學，內心深處難免會有所遲疑與衝突，行政上要有感的推動新課綱，從孩子的需求出發最能引起教師共鳴，畢竟每一位為人師表者，最重視的就是孩子的未來與學習成效，所以本校從共讀分享自己教學成長歷程、請專家陪伴，並分析評量的新趨勢出發，來理解與實踐新課綱。

（一）打破風雨中的寧靜──共讀新課綱

　　新課綱到底是什麼？是不是海面上又再一次風雨交加，雷聲轟轟作響，海底下卻依舊是風平浪靜，一動不如一靜，等大風大浪過後，又是晴空萬里的一天。這是每一次課程改革時，所有行政人員與教師或多或少在內心的質疑與遲疑。為了減低教師們因為不瞭解而產生畏懼，也為了讓大家更瞭解十二年國教新課綱的理念與內涵，教務處於一〇六學度寒假前，

發放每位老師人手一本《未來Family教育特刊：解讀十二年國教新課綱》一書，請老師於寒假時先行閱讀，下學期再一起共讀新課綱。除此，透過網站的介紹、週一晨會宣導、週三下午研習與週四晨會專業對話等，由上而下提供大量十二年國教相關資訊供教師參閱。教育處同時也辦理相當多的精進研習場次，學校亦鼓勵教師參與研習進修，提供多元專業成長的機會。

　　行政運作上將改革的意義與使命感傳達給教師，這是我們一開始的初步想法，但是僅僅透過宣導、溝通、專題演講等由上而下的貫徹及「宣稱」改革即將到來，教師有感嗎？大家改變了嗎？接受到多少呢？

（二）每個人都是新課綱講師——新課綱閱讀心得分享

　　教室是實驗室，最棒的素養導向教學者是老師。從巡堂、觀察與老師對話當中，我們發現老師是好學者、主動學習者、有批判思考能力的精進者，甚至是臥虎藏龍的能動者。行政在推動時，我們有時還能感受到有些教師走得比我們還快，他們自發的參與「夢的N次方」研習、溫美玉實務工作坊，看YouTube網站學習，如：向SuperPower教師全國首獎雙料得主王政忠學習「草根翻轉：MAPS教學法」、學思達教學法、各科的創新教學法、數學奠基進教室模組……等。我們深信，行政推動十二年國教新課綱，應該讓每一位老師都有機會成為課程與教學領導者，散發網狀的影響力。

　　於是本校於一〇六至一〇七學年度上下學期各安排三次的週三下午進行社群對話與共備，五次週四晨會八點至八點半時間，由社群輪流上臺分享共讀的十二年國教新課綱心得與素養導向教學等。老師們自製簡報，分享實務教學經驗或新課綱研習心得，如：翻轉教育、各領域創新教學法、心智繪圖應用、學習共同體、素養教學、素養評量、班級經營應用……等。在分享過程中，發現有許多教師早已在教室進行實驗與改變，為了孩子在努力、嘗試與修正。

　　晨會分享時，由校長與教務主任當領頭羊先上臺分享新課綱共讀心

得，再由各社群選擇專長領域發表。以學習共同體的教學理念，在旁邊聆聽等待動手實踐的人，其實也是默默的進行學習，醞釀能量。當進行教學嘗試的教師不是YouTube上的power教師，也不是在臺上侃侃而談的講師，卻是我們身邊的夥伴時，這種陪伴感、普同感、可行性似乎是具有說服力的。

（三）支持的力量──新課綱專家的陪伴

專家的典範學習與理論的引導是必須的，本校安排各種精進研習與新課綱講座增能，例如：邀請邱校長蒞校分享「十二年國教總綱概論與學校本位課程發展」；一〇六至一〇七學年度邀請陳教授指導新課綱與各領域學習重點與學習內涵，陪伴發展「校訂課程」；一〇六學年度邀請清華大學林教授、謝教授與陳教授指導幼兒園發展素養導向課程與教學策略；一〇六至一〇七學年度邀請靜宜大學吳俊憲教授分享社群運作的理論與實務，還有邀請張麗雲、簡燕雪、林彥佑老師進行語文素養導向教學研習、林閣如教授評析數學科評量命題等，以及辦理各領域與行動學習的素養導向教學研習，並提供教師empowerment的平臺，讓教師社群更有正能量與續航力。

（四）大考趨勢──看見國中會考與大學學測的改變

此次十二年國教新課綱與素養導向教學改革，與過往的教育改革真的有所不同，因為這次改革不單是為了因應外在時代變遷與學生終身學習需求，更重要的是教師與家長最重視的成績與升學評量方向全部都改變了，不僅是從單科到跨領域的學習，從選擇題到展現整合、評鑑、批判、創發能力的非選擇題，也都顯示課程與教學策略務必精進。親子天下（2019）即提出一〇八年學測分析目前考題以素養導向、跨科整合題已成趨勢，跨領域、生活化、情境化和圖表式的題型，出現在各科試題當中。建議未來學生要多元、廣泛閱讀、思考多層次問題以及增加生活經驗，才能在新型態考題中拿高分。不但如此，國中基本學力測驗亦是如此，可見，素養導

向的課程與教學勢在必行。

二｜一群人結伴走得遠
——教師社群、備觀議課、素養教學

（一）對話與陪伴——成立教師社群

　　本校教師專業發展社群分成學年社群、領域社群與精進社群，成員間彼此建立夥伴關係。在發展校訂課程時，較常運作的為國小一至六年級六個學年社群，再加上幼兒園社群、特殊教育社群、行動學習精進社群等，共有九個社群，科任老師依任教相關科目自由加入一至三個社群，每位老師可依興趣跨一至三個社群。教師專業學習社群可促進教師專業成長，本校專業社群大致上是共同研討十二年國教新課綱內容，同社群者可彼此觀議課與回饋，在彼此互助合作、信任與安全的氛圍下，同學年者可共同分析教材內容與共同命題，一起評量學生的學習成果，有時亦能經驗分享，如分享各領域教學方法創新經驗、共辦活動、班級經營經驗對話等。另外，本校特別安排每學期週三下午兩次社群專業對話時間，進行校本課程的發展，社群進行對話、評估與選擇學校本位課程主題課程，共同發展課程設計和實施、討論與修正。教師社群結伴同行讓教師有歸屬、陪伴、支持的力量，學生專注的學習眼神、回饋的笑容，更是教師社群運作最大的鼓勵。

（二）課程準備與學生圖像——共備課程

　　本校學校本位課程是經由社群共備、對話而研發，教師社群可說是「三叉河課程創客」團體，由在地的三叉河Care課程，共備提供教師一個課程發展平臺，並進行更新課程組織、教學策略、評量模式等，使老師的教與學生的學能持續改進。行政安排提供時間與空間讓社群進行課程的共備或議課，因此，各年級盡可能安排每週社群有共同一至二節的空堂對話時間，一學期排二至三次的教師專業對話時間，共備研發校訂課程與素養導

向教學教案。

（三）一雙善意的眼睛──公開觀議課

本校提供兩種公開觀議課模式，一種是教師專業發展模式，觀察的是老師的教學技巧，另一種是佐藤學學習共同體的觀議課模式，觀課者觀察與關心的是學生的學習與教室互動歷程，觀課者帶著善意的眼睛進入教室，共同為學生而努力，精進教學策略與修正課程設計。決議後，老師們都選擇帶著一雙為了學生努力、教師共同成長的善意眼睛進入教室。本校進行觀說議課方式如下：

1. 一〇四至一〇六學年度，採三年一輪公開觀議課制度，每位老師三年內至少進行一次正式公開觀議課，除了設計教案外，亦需填寫說課、觀課與議課的回饋單，並落實自我反思機制。

2. 一〇六至一〇七學年度本校連續兩年與臺中教育大學進行交流，首先由本校教師公開授課，臺中教育大學實習生當觀課者，隔兩週後，經由線上互動與共備課程教案後，兩者角色互換，由實習生進行授課，本校教師當觀課者，雙方彼此教學相長。

3. 本校有個優良傳統，每兩年辦理一場學校觀摩日，於四月的某週六上午，開放各班教室，邀請家長進入教室進行公開觀課，由教師公開授課一至二節課，亦可採協同教學方式進行跨領域教學。

（四）教室裡的實驗室──素養導向教學讓學習更有感

一〇七年新課綱素養導向的教學，教師可以透過提問、討論、體驗式、情境式等教學活動與策略，而「核心素養導向教學」為「整合知識、態度與技能」、「情境化、脈絡化的學習」、「學習歷程、方法與策略」及「實踐力的表現」，文字雖然清楚，但是如何落實卻有些模糊，老師們透過共備與教案設計，嘗試摸索與實施。

教室可以視為孩子學習努力的實驗室，教師可以不斷挑戰自己，由學

生的學習回饋來修正課程與教學設計。教室裡有些老師會嘗試翻轉自己對教學的看法，也將學習的主動權還給學生，從教學中發現教室裡的孩子們越來越快樂，越來越有自信，甚至也能有感自我教學之精進。例如一〇七學年度上學期教育部「教育雲媒體影音夥伴學校」，並至本校拍攝英語素養教學與行動學習應用影片，另外，本校參與客語融入十二年國教校訂課程發展，訪視委員對本校兩位協同教學者的課程教案設計、實施與教師協同合作的互動過程甚為讚許，教師所設計的素養導向教案也被評選為全國佳作。教師所跨出的第一步即便是一小步，但是我們勇於跨出，我們不是因為很優秀才開始，而是因為開始勇於付出與努力，所以有機會變得很優秀！

（五）學習無圍牆——引入家長與社區資源

推動十二年新課綱，在家長宣導與社區資源整備是不可或缺的，本校透過家長大會與親職教育宣導新課綱，學校粉絲團與文宣不定期傳達十二年國教理念與做法。學校與社區都處在開放系統當中，應該相互開放、相輔相成，以得到一加一大於二的效果。本校發展三叉河Care課程，不僅融合在地特色與人文特質，更融入產業文化、山川景觀、自然生態、人文遺產等資源，社區資源的運用有效挹注在課程與教學的相關活動中，讓學校課程與教學的發展，結合學生生活經驗，能接地氣的活化、創新，注入在地的元素。

行政必須提供教師與社區合作的平臺，在課程的發展與實施過程中，適時地與社區的家長、團體對話，安排有溫度體驗教育，讓學生在地化學習，運用社區資源、進行課程設計、落實素養教學活動、檢視學習成效以及不斷地批判反思修正中，讓學生獲得認知、情意與技能三個層面的完整學習，促發他們能主動解決問題。所以，學習不只發生在課堂中，也發生在社區的任何角落。

參 發展接地氣三叉河Care課程歷程

　　三義鄉舊稱為三叉河，這是因為打哪叭溪、打木溪、大坑溪等三溪在此會流，故有此稱。這一塊土地是學生生長的地方，也是多數老師從小成長的環境。十二年國教課綱沒有版本，只有根本，如何以學生為主體，結合願景與三面九項核心素養，發展接地氣的學校本位課程乃是這一波十二年國教教改的重點。

一 | SWOTS分析、學校願景、課程願景、新課綱應環環相扣

　　藉由學校課程發展的優勢、劣勢、機會與威脅等內外在動態情境因素與需求評估，可瞭解學校課程發展的問題與需求，進而指出學校校訂課程發展的未來可能行動方向。因此，本校透過SWOTS分析，掌握現行課程發展與新課綱的差異，同時分析學校之組織文化、學校氣氛、師資結構與特色、學生之特質與需求、學校場地設備、學校經費、社區資源與家長期待等情境分析，瞭解學校優劣機會與威脅，以整理歸納出學校課程發展之可能特色方向。

　　本校有一半以上老師為三叉河本地人，對在地人文、藝文、生態相當瞭解，有利於發展接地氣的課程與教學。另外，本校成立行動學習團隊已四年，對於資訊與行動載具融入教學得心應手，有助於發展「E-揚三叉河」行銷軸與各科跨領域整合。

　　由教師社群根據學校SWOTS分析後，凝聚共識以「打造一所洋溢著健康自信的上進活力，合作關懷的三叉河學校」為願景圖像。而課程願景乃透過優質、創新的Care課程、教學與多元活動，讓孩子擁有健康體能與生活，能自信的展現自我，積極上進，樂於關懷、合作與分享，具有面對未來的活動力、實踐力、學習力、生活力與品格力。

　　為了讓三叉河Care課程符合學校課程發展願景，教師所設計的三叉河

舊山線、三叉河創傳藝、三叉河生態行與E-揚三叉河課程，在發展課程與教學歷程中一再檢視是否扣緊學校願景、課程願景目標。教師共同討論後設計出學生學習圖像與護照，並在校務會議中由全體教師研討與修正。

■ 課程設計的迷思與省思

我們發現了問題，校訂課程的發展不能單單只考慮學校課程願景，因為學校課程願景所發展的核心素養未必能包括三面九項的核心素養。所以，我們還要再參照十二年國教新課綱精神來設計課程，補上所缺漏的核心素養，如此廣度與深度才能面面俱到，能培養一個自主行動、溝通互動與社會參與的終身學習者。最後，在全體共同研討與對話下，發展出Care課程——Culture文史尋根、Art藝術創作、Research生態研究、E-揚行銷的Care課程。

二 | 三叉河Care課程發展歷程

學校團隊透過社群共同備課、觀說議課，共同思考學生需要什麼在地元素教材，我們於一〇四至一〇七學年度嘗試課程實施與實際教學，以學生為主體，將教室當為實驗室，透過回饋機制不斷修正課程，傾聽學生、家長、教師們與社區的聲音，在一〇七學年時研發出接地氣的「遶寮三叉河・一ㄟ起Care山城」的三叉河Care課程。

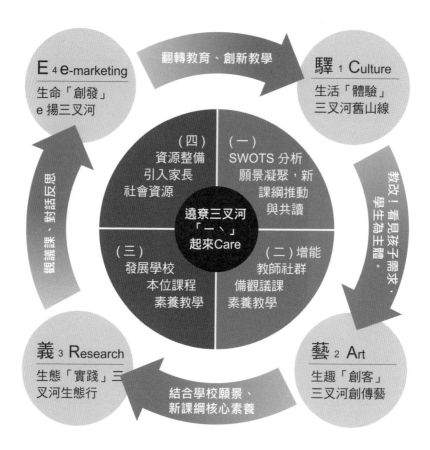

　　課程是跑道，而三叉河Care課程有三道河道——文史河道、文創河道與生態河道，最後藉由資訊、英語與延伸閱讀跨領域之整合，發展「E-揚三叉河」行銷軸，讓學生與外在世界、國際接軌。我們的學生是河道裡的巡水員，老師是保護這群孩子的守護員，去陪伴與培育這群孩子，結合學生的生活經驗，發展三叉河Care的故事與課程。此課程架構從文史走讀的文化認同、在地生活體驗、生趣創客、生態研究到生命創發，我們看見了專業社群、核心價值與核心理念的實踐。本校發展學校本位課程已達三年歷程，實踐課程過程，處處是歡笑，處處是驚喜，處處有課程。

一〇四至一〇七年三叉河Care課程發展歷程如下：

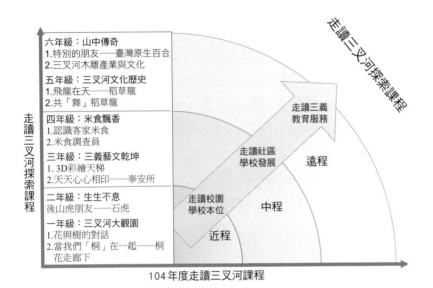

走讀三叉河探索課程

走讀三叉河探索課程

| 六年級：山中傳奇 |
| 1.特別的朋友——臺灣原生百合 |
| 2.三叉河木雕產業與文化 |

五年級：三叉河文化歷史
1.飛龍在天——稻草龍
2.共「舞」稻草龍

四年級：米食飄香
1.認識客家米食
2.米食調查員

三年級：三義藝文乾坤
1.3D彩繪天梯
2.天天心心相印——奉安所

二年級：生生不息
後山虎朋友——石虎

一年級：三叉河大觀園
1.花與樹的對話
2.當我們「桐」在一起——桐
花走廊下

走讀三義
教育服務

走讀社區
學校發展 　遠程

走讀校園
學校本位 　中程

近程

104年度走讀三叉河課程

（一）一〇四學年度三叉河啟航期——初試啼聲大豐收

　　一〇四學年度本校發展「走讀三叉河」探索課程，連結校園景點和社區環境，發展情境教學，將「校園景點」、「周邊資源」、「客家文化」、「社區產業」融入課程，秉持著「生活體驗、在地學習、文化交流」的思維，來增加學習的深度與廣度，實踐以「慢活」的走讀三叉河探索特色課程。

　　一〇四學年度本校開始嘗試發展學校本位課程，當時成立教師社群共同備課，以學生為主體，從在地關懷出發，低年級走讀校園，中年級走讀社區，高年級則走讀三義。當時教師利用彈性課程或以跨領域教學實際進行課程實驗，研發教案、設計課程、教學準備、記錄學生學習情形、評量學生學習成效，同學年協同教學與互助，在期末時，教務處安排於週三下午每個社群用簡報、影片或照片發表成果，內容包括教學準備、實施歷程、教師、學生與家長或社區回饋。

　　當時研發的跨領域創新教學，經過老師實際教學、在真實情境中體

驗、探索、做中學，不斷修正與檢視，次年將教學成果參加縣內外與全國賽，獲得不少肯定，包括低年級「石虎課程——同理心與責任感」榮獲保護野生動物教案競賽全國佳作；低年級「淺山喵精靈——石虎」課程榮獲苗栗縣國中小教師電子書創作比賽榮獲特優；中年級「認識家鄉的古蹟——三叉河國小奉安所」課程榮獲國中小教師電子書創作比賽榮獲甲等；高年級「特別的朋友——臺灣原生種百合」課程榮獲苗栗縣環教網教案徵選榮獲優等。另外，校訂課程學生草龍製作作品榮獲「2016客庄十二大節慶——三義雲火龍節」競賽第一名、第二名與第三名。除此，學生組隊參加2016客庄十二大節慶——三義雲火龍節」醉龍表演競賽，亦榮獲第一名、第二名與第三名，且學生參加三義雲火龍節寫生比賽成績榮獲第二名。

　　獲獎雖然是對學生與教師社群的鼓勵，但教師們最大的進步動力，還是看見學生學習成效的提升，對在地的認同與關懷，願意為這塊土地付出行動。

■ 課程回饋修正

　　三叉河啟航期在教師社群共同努力下，生活體驗的文史走讀三叉河課程教學成果受到肯定，學生也樂於參與學習，但是課程設計偏向九年一貫課程的認知與技能方面，學生缺乏深入的情意、態度展能，因為，從學生的學習回饋與教師之反思，我們修正後決定再走一次文史軸課程，發展次年的三叉河探索期——「心」感受「慢」生活課程。

（二）一〇五學年度三叉河探索期——國小獲全國金牌獎、幼兒園榮獲全縣教卓第一名

　　一〇五學年度以「心」感受「慢」生活為課程主軸，三叉河小鄉村由於豐富的觀光業、觀景、藝術文創與文化歷史，於二〇〇六年榮登國際慢城，我們深知三叉河小鄉村的慢生活需教育深耕，才能用「心」感受「慢」

生活；永續的發展是有詩意的生活，它是一種正向積極的奮鬥，是一種健康、謙虛、環保與關懷的生活態度，更善於綜合現代和傳統生活中那些有利於提高生活質量與幸福的因素，其代表一種良好的生活態度。「慢城」的哲學強調樂趣及用心感受，於是本校特色課程以學生為主體，教師創新教學，積極推動生態保育、健康、慢食運動（Slow Food Movement）、文史保存、觀光旅遊、公民參與關懷等提升生活品質的一系列新生活哲學體驗課程。我們開始反思能為下一代、為環境、為現在的生活改變什麼，做些什麼，於是我們決定從「心」開始，一〇五學年度推動在三叉河這個慢城裡，用「心」感受「慢」生活的幸福理念，從食、衣、住、行、育、樂等向度，設計以學生自發進行生活體驗的玩樂趣課程。

美好的學習場域在窗外，這套課程將學生學習體驗空間拉到戶外教育，國小低中高年級整理一〇四至一〇五學年度所實施校訂課程，以《健康樂活三義遊》主題參賽，榮獲教育部飛揚一〇〇戶外教育教案設計全國金牌獎。「健康樂活三義遊」戶外教育體驗與探索方案，以三義在地特色為學習場域，結合桐花生態、慢食有機茶園與傳統木雕產業文化之生活情境，翻轉學習主體與跨領域課程教學設計，大自然成為樂活、有趣的學習場域，學生成為主動、積極的學習者，展現自信的笑容。

低年級透過「桐花步道輕旅行——小小探索家」體驗課程，結合行動學習、語文、自然生態與藝文，在桐花之旅中，時時有發現的驚奇，處處是學習的空間。中年級「人在艸木間——茶香土親食安心」食農教育實作裡，體驗茶農辛勞，探討食安議題、健康選食與慢食文化，進而關懷環境、感恩惜福。高年級「精雕細琢——三義木雕現風華」在地特色遊學主題，瞭解三義文化、歷史與藝文，學習介紹家鄉特色。

「知行行有效，行知知更牢」，最好的教室在窗外。本戶外教育活動以發展「自發」、「互動」及「共好」十二年國教理念，學生為自發主動的學習者，走出戶外以大自然與社區文化為師，活化學習歷程，擴展學習視野，探索自然、人文、尊重生命、感受藝術之美，讓學生小小心靈從在地

一〇四至一〇六學年度「三叉河」國際慢城課程架構圖

課程主題	三叉河國際慢城		
課程核心理念	樂活、關懷、健康、上進、合作		
學年度	104學年度	一〇五學年度	一〇六學年度
樂活課程主題軸	三叉河啟航期 走讀軸 走讀三叉河慢城	三叉河探索期 實踐軸——食衣住行育樂 「心」感受「欣」生活	三叉河實踐期 文創——Marker軸 慢活樂展新意
一年級——健康生活	三叉河大觀園 1.花與樹的對話 2.當我們「桐」在一起	行——心感受欣生活 小一齊步走 1.認識校園 2.花果山傳奇	桐遊山林創作
二年級——生態保育	後山虎朋友——石虎(生態保育)	衣——心感受欣生活 面「面具」到(石虎面具創作)	「生」入「虎」穴生態保育實踐
三年級——三義藝文乾坤	3D彩繪天梯 (三義景觀) 天天心心相印	食——心感受欣生活 1.美食藝文調查隊 2.茶香土親食安心 3.客家美食新元素	慈濟茗閒情 Marker 1.遊山 2.玩水 3.慈濟「茶」香
四年級——食「客」Follo「米」	米食飄香 1.認識客家米食 2.米食調查員	食——心感受欣生活 1.稻田巡禮 2.嘿喲！拔蘿蔔 3.米食小「做」家——蘿蔔糕	1.米食成分營養價值 2.研發健康「米食」

關懷出發，具備健康慢活知識、能力與態度，積極為共好生活付出努力。

另外，因幼兒園、國小、資優教育、樂齡教育同步進行學校本位課程設計與實施教學實驗，幼兒園團隊於次年參加全縣苗栗縣幼兒園教學卓越獎榮獲第一名、全國幼兒園教學卓越獎榮獲佳作。一系列的慢課程也經由新聞媒體採訪與報導，獲得師生、家長、社區高度認同。

■ 課程回饋與往前續航

三叉河探索期——「心」感受「慢」生活課程，完整的建構了文史軸的發展內容。學生學習成效顯著，於是三叉河的巡水員——學生與守護員——教師們決定開往三叉河的文創軸，邁向三叉河實踐期——「慢活樂，展新意」。三義在地特色有木雕、藝文、陶藝、桐花文創……等元素，學生也能當一個小小Marker小達人，從體驗探索提升至動手創作。

（三）一〇六學年度三叉河實踐期
——行動學習最佳人氣獎課程

一〇六學年度以「慢活樂，展新意」為主軸，設計理念源起於學生與教師都認為三叉河充滿藝術氣息的好地方，擁有木雕、舊山線鐵道文化特色，自行車（Rail Bike）導入「舊山線」旅遊，加上學校設計、規劃與實施在地的學校本位課程，促進社區、公民參與，把三義在地產業與文化，歷史建築、人文特色、樂活之美與藝文鼎盛的小鎮，課程設計以「做」中學，「慢活樂，展新意」，學生成為文創者的Marker。

校訂課程進行至第三年，本校因推動行動學習資訊融入校訂課程，以「茶香土親食安心」主題榮獲行動學習教育部競賽「最佳人氣獎」。另外，參加全國客語融入十二年國教教案設計亦榮獲佳作。而本校推動樂齡教育亦同步研發樂齡校訂課程，以「祖孫情·養魚樂」榮獲樂齡代間教育活動設計全國第一名。

■ 課程回饋與突破

　　三叉河實踐期——「慢活樂，展新意」以藝術文創為主軸，當學生在做中學、玩中創新意，在地特色與文創變得有童趣，學生的創造思考能力也被激發。有一天，一位學生問老師，為何三叉課程都沒有「河」？對啊！雖然三叉河是三義的舊名詞，但是河與生態確實是活生生存在於學生的成長環境中，建構了師生的生活經驗。於是，藉由學生的發想與興趣之引導，課程接續發展了三叉河生態軸。另外，因十二年國教新課綱的宣導，課程發展結合本校課程願景與新課綱理念，同時考量課程橫的整合與縱的素養連貫，發展三叉河三個河道課程——Culture文史、Art文創、Research生態，並綜合三河道課程，跨資訊、英語領域與延伸閱讀進行E-marketing行銷。

（四）一〇七學年度三叉河永續期——遠寮三叉河・「一ㄟ」起來Care

　　學校以「打造一所洋溢著健康自信的上進活力，合作關懷的三叉河學校」為願景，一〇七學年度以遠寮三叉河・「一ㄟ」起來Care為校本課程主題，從「Care課程——Culture文史尋根、Art藝術創作、Research生態研究、E-marketing E-揚三叉河」的方案理念出發，進而設計發展出文史河道、文創河道、生態河道之三叉河校本特色課程，開啟在地學子的學習視野與主動探究的精神，最後再進行資訊、英語與延伸閱讀跨領域學習，行銷、守護與推廣三叉河，用三叉河校訂課程文化生命力敘說學子的學習歷程。

　　孩子天生愛玩，讓孩子成為學習的主體，選擇會讓孩子眼睛發亮的主題，從遊玩、探索、大自然中自由、快樂、健康、幸福的學習，並設計生活、生趣、生態與生命的「遠寮三叉河・『一ㄟ』起來Care」。

　　一〇七學年度因應新課綱的到來，社群團隊共備時間主要以校本課程設計與教學準備為主，從學校SWORT分析、學校願景與新課綱精神，檢視橫的課程統整與縱的課程連貫，有層次的架構一個符合新課綱素養導向之

文史尋根、追本溯源：

　　學生成為人文關懷使者，以融入在地文史的規劃帶動課程發展，從初探校園歷史、發展社會文化，到薪傳家鄉文史，建構獨特的尋根課程。

藝術創作、設計自造：

　　整合藝術與科學素養，學生成為創藝鑑賞使者，在做中學創發藝文創作，從藝文創客、食農創客到環保創客，豐富在地創新設計的藝術光彩。

生態研究、科學探究：

　　學生成為生態守護使者，以生態探索、生態實作與生態守護，引領教學創新，建構永續的生態觀念，傳承土地永續價值的生命力量。

行動行銷、在地國際化：

　　成為服務傳愛使者以自發利他服務的規劃拓展社區關係，行動強化在地的特色，行銷發展在地產業，行銷三叉河，讓大家看得見在地特色，接軌國際。

課程架構。三叉河Care課程，學生就如一位文史巡水員、文創巡水員、生態巡水員，在流動、有生命力的河道中進行生活體驗、生趣創客、生態實踐，最後融入資訊、英語領域與延伸閱讀，享受生命創新的E-marketing。

三 │ 校訂課程發展歷程之省思──行行重行行

（一）我們選擇一條最難走的路，但卻能聞到花香

　　課程的發展有非常多種模式，可以是由上而下的現代主義目標導向的課程設計方式，也可以是由下而上後現代主義課程發展模式，由下而上課程發展模式由教師與學生自發共創課程設計，教師在課程設計需要花費的時間與心力也較大，但學生卻常常有令人驚豔的學習回饋。由上而下目標導向的課程設計模式或許效率高，所有的教師能清楚的瞭解該設計什麼主題，學生該達成的最終任務為何，但是這樣的課程缺少學生與教師的聲音，少了熱情與內心渴望的學習動機。

　　因為本校師資為三叉河在地人過半，且大家對這塊土地有執著與深層的愛，我們秉持著相信與支持老師的立場，讓老師藉由社群的力量彼此陪伴與支持，將能產生課程令人驚嘆的火花。

　　因此本校選擇這條比較難走的路，或許在課程設計的跑道上（課程即為跑道之意）我們無法預知某一主題結束後，會引發學生下一個有興趣的主題為何，師生在真實的情境中引發學生的素養能力會令教師驚奇！走了這條不易行走的路，行行重行行，已走了三年，每一年的課程修訂如下，社群的運作讓彼此有革命情感，對課程發展與學生的學習具有使命感。

　　以下圖示呈現三年半來課程發展歷程，Care素養校訂課程的教學成效、學生學習歷程與課程的修訂歷程。圖中基於課程為「動詞」之理念，因不同的文化背景脈絡與情境，做滾動式修正。一〇四學年度三叉河啟航期「走讀三叉河」，課程設計理念以九年一貫精神為主，學生學習偏向認知與技能層面，因此在一〇五學年度三叉河探索期「心感受欣生活」，發展生

活體驗的情緒層面。經由覺察、體驗與探索後，學生應能自己規劃、設計與實踐創作，所以一〇六學年度三叉河實踐踐期「慢活樂展新意」，讓每位學生成為Marker。學校團隊一直在思考，三叉河圖像應該是以河道為主，又因應新課綱的推動，因此教師社群決定這一年以共備的時間討論出三個課程河道，全面規劃可行性、完整性、素養導向之跨領域課程。

一〇四至一〇七年三叉河care課程發展歷程

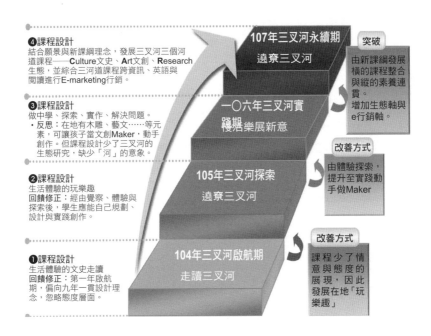

（二）依據新課綱核心素養，設計螺旋式課程，發展學生學習圖像

　　校訂課程發展或各科跨領域統整時，教師曾討論過，一年級教過桐花，是不是中高年級就不能再設計桐花課程？幼兒園小朋友曾探究三叉河裡的原生種蓋斑鬥魚「澎鮭鰍」，在低年級時是否還需設計「澎鮭鰍」校本課程？我們討論後的答案是──「可以」。本校學校本位課程以Bruner所倡

導的「螺旋式課程」理念加以設計，利用由易而難、由淺而深的結構循序漸進，隨年級、程度提升，不斷將課程內容加深、加廣，猶如螺旋般上升。

學校本位課程是經由社群共備而產出，教師社群可說是「創客」團體，由在地的三叉河文史軸、藝文軸、生態軸三道河道出發，依十二年國教新課綱與學生的圖像──在縱的課程發展方面，一年級學生為「覺知者、體驗者」，二年級學生為「探索者、發現者」，三年級學生為「探索者、合作參與者」，四年級學生為「實作應用者、思考者」，五年級學生為「議題規劃設計者、行動者」，六年級學生為「專題探究、小論文研究者」等。

在橫的課程發展方面，遶寮三叉河・「一ㄟ」起來Care校本課程中有三道河道，第一道文史河道「驛──三叉河舊三線」，學生圖像是「Player、Explorer」；第二道文創河道「藝──三叉河創傳藝」，學生圖像是「Maker、Creator」；第三道生態河道「義──三叉河生態行」，學生圖像是「Thinker、Researcher」；綜合三叉河這三道河道，最後發展創發行銷課程為「E──e揚三叉河」，學生圖像是「Marketer、Protecter」。

肆　遶寮三叉河・「一ヽ」起來Care課程架構

校訂課程主題名稱	遶寮三叉河・「一ヽ」起來Care			
課程願景	打造一所洋溢著健康自信的上進活力，合作關懷的三叉河學校為鵠的，課程願景乃透過優質、創新的Care課程、教學與多元活動，讓孩子擁有健康體能與生活，能自信的展現自我、積極上進、樂於關懷、合作與分享，具有面對未來的活動力、實踐力、學習力、生活力與品格力。			
設計理念	1.按文史河道、文創河道、生態河道編列於校本課程，分三個河道課程實施。最後「e揚三叉河課程」於英語、資訊與延伸閱讀等課程進行 e-marketing創新三叉河品牌。 2.三叉河Care課程從在地關懷出發，在實踐中對話、回饋、修正，讓孩子進行生活體驗、生趣創客、生態實踐與生命創發，希冀藉由團隊的努力，發展有深度的在地化課程並深化實施，涵育學生三面九項核心素養，厚植軟實力，讓學生學習與教師教學都更有感，貼近生活生命的共感脈動。			
核心素養	1. EA1活動力 　 EB1表達力 　 EC3關懷力	2. EA3實踐力 　 EB3創作力 　 EC2生活力	3. EA2 學習力 　 EB2 科技力 　 EC1 品格力	4. EA1觀察力 　 EC1道德實踐力 　 EB2科技力
跨領域領綱核心素養	生活EA1 EB1 EC3 社會EA1 EB1 EC3 語文EA1 EB1 EC3 閱 E8 E11 E12 英EA1 EB1 資E1 E2 E13	生活EA3 EB3 EC2 藝術EA3 EB3 EC2 自然EA3 EB3 EC2 閱 E10 E14 英EB1 EA2 資E9 E11	社-E-C2 綜-E-B1 藝1-Ⅲ-2.1-Ⅲ-6 資E6 閱E2 E6 英EB2 EC2	社3d-Ⅲ-1 資E3 客Ⅲ-1 綜2c-Ⅲ-1.3d-Ⅲ-1 英EB2 EC3 閱E5 E13
核心價值	**生活「體驗」**關懷三叉河人文	**生趣「創客」**美創三叉河藝術	**生態「實踐」**永續三叉河生態	**生命「創發」**創新三叉河品牌

	認知	認知	認知	認知
主軸目標	詮釋家鄉人文景觀、客家地方慶典元素、客家民俗植物,並比較族群或地區的文化差異。	運用工具與材料,創造設計思考與實作。用點線面創作平面與立體創作。	能配合課程去比較居住地的過去和現在的環境變遷,以及描述對未來的展望。	識別客家作品的視覺元素、色彩與構成要素。並描述使用視覺元素和構成要素,探索創作歷程。
	技能	**技能**	**技能**	**技能**
	結合客家老店、廟宇文化儀式、客家民俗植物,訪談老店主人整理、報告。探討其生存方式,提出有益的見解。	能操作陶藝工具製作物品,並運用想像力,豐富創作主題,以及著手設計文創商品。	選定環保議題,進行探究與實作,結合資訊科技分析與判讀各類資源,規劃策略以解決螢火蟲生存環境的問題。	能使用資訊科技解決創作中遭遇的問題。結合客家文化元素,設計以陶土及種子等媒材,進行創意發想和實作。
	態度	**態度**	**態度**	**態度**
	能欣賞傳統宗廟建築藝術之美,參與文化活動及客家語文作品的文化意涵,形塑臺灣多元豐富的文化內涵。	使用客家語分享陶藝作品造型之美,養成聆聽客家語文的習慣。傾聽客家語短文的情意表達,領會客家語文作品的文化意涵。	能覺察三叉河生態環境變化,實踐環境友善行動,珍惜並守護三叉河生態資源與環境。	對於所運用之工具及材料都能瞭解創作價值,並能傾聽同學的作品分享,培養審美觀。

Care課程學習主題	驛 Culture 三叉河舊山線	藝 Art 三叉河創傳藝	義 Research 三叉河生態行	E marketing e揚三叉河
三叉河河道	文史河道	文創河道	生態河道	行銷三河道，與國際接軌
國小各年級學習單元	低 初探校園歷史 一、小一齊步走 二、學校大觀園 中 發展社會文化 三、小城故事多 四、三叉好味道 高 薪傳家鄉文史 五、話我舊山線 六、悠悠義古情	低 藝文創客 一、藝游澎鮒 二、老梅有創意 中 食農創客 三、茶桐藝窩子 四、有粄又有顏 高 環保創客 五、創客練功房 六、環保串陶藝	低 生態探索 一、初探生態行 二、桐趣觀魚樂 中 生態實作 三、古道賞桐趣 四、一稻去郊遊 高 生態守護 五、水木湛清華 六、義起來護螢	低 人與自己 一、校園QRC 二、校園好任務 中 人與他人 三、導覽旅遊趣 四、推廣美食樂 高 人與社會 五、行銷老故事 六、世界看得見
幼兒園	遠寮三叉河	三叉河味緒	行動澎鮒鯻	傳愛祖孫情
特殊教育	美侖校園	美食饗宴	多肉寶寶	原鄉情懷

學生圖像/教學策略	（一）學生學習圖像 　　一年級學生為「覺知者、體驗者」 　　二年級學生為「探索者、發現者」 　　三年級學生為「探索者、合作參與者」 　　四年級學生為「實作應用者、思考者」 　　五年級學生為「議題規劃設計者、行動者」 　　六年級學生為「專題探究、小論文研究者」 （二）素養導向教學 　　1.整合知識技能與態度的情境 　　2.情境化、脈絡化的學習 　　3.探究歷程的學習 　　4.實踐行動的學習			
最終表現任務	能進行訪談，製作三叉河文史、客家美食、宗廟、老店的專題探究的學習檔案，小組發表影片與專題成果。	1.能運用木藝、陶藝、環保素材，創作文創作品。 2.能運用行動載具進行舊山線陶牆設計，並共創陶牆。	1.能完成一份螢火多、三叉茶與澎鮄鰤專題報告。 2.能規劃設計一份守護三叉螢茶、三義原生種澎鮄鰤的行動方案。	創意行銷三叉河，包括文史、文創與生態等在地特色，製作影片、簡報與經營網站。
學習評量	欣賞發表、創意發表、日常實踐	技能學習、分組展能、創意發表	創意發表、導覽解説、學習檔案	經營網站、簡報實作、創意行銷
課程評鑑	形成性評量 總結性評量 適性補救教學 多元評量設計	形成性評量 總結性評量 適性補救教學 多元評量設計	形成性評量 總結性評量 適性補救教學 多元評量設計	形成性評量 總結性評量 適性補救教學 多元評量設計

伍 省思與展望──從在地出發的Care課程！

　　草根式的翻轉、行動式的匯聚、滾動式的修正，讓「課程是動詞」這個理念，在Care課程中得到充分的彰顯。三叉河Care課程從在地關愛出發，在實踐中對話、回饋、修正，讓孩子進行生活體驗、生趣創客、生態實踐與生命創發，希冀藉由團隊的努力，發展有深度的在地化課程並深化實施，涵育學生三面九項核心素養，厚植軟實力，讓學生學習與教師教學都更有感，自發、互動、共好不再只是一個理想，而是能貼近生活生命的共感脈動。

• 三叉河慢城標誌：蝸牛

落實十二年國教新課綱
——偏鄉教育動起來

烏眉國中　　張文峰

壹　偏鄉的第一哩路

　　因緣際會，十餘年前透過本縣縣內教師介聘作業，返回家鄉服務，這人生的轉彎讓我看到少子化對教育的衝擊、偏遠學校充分運用資源的努力，更深刻感受課程思維的變遷對偏鄉教育所發揮的影響力。

　　本文嘗試以個人觀點，以一個國中老師居於教育現場一隅實地觀察，記錄本校教師團隊及個人在因應新課綱變革的作為，文中所言皆以烏眉國中為例，就烏眉國中的地理位置、學生結構、教師成員結構等先作說明。本校座落於苗栗縣通霄鎮烏眉坑縣道一二八號旁，為一教育部核定的偏遠學校，距離通霄交流道約二公里，到通霄火車站約五公里。學區國小設籍應至本校就學人數約占當年度實際入學人數三分之一，民國九十五年返鄉到職服務，全校編制有九班普通班，學生總人數三百餘人，時至今日，全校僅剩餘七班普通班及新增一班的特教班，全校學生總人數僅剩一七六人。本校目前的編制教師成員有二十一人，教師的平均年齡約為四十二歲，取得碩士以上學歷者比例達四分之三以上，近三年來除超額老師介聘外無教師調動。

貳　教育改革影響學校風景

　　這十年來國中教育階段在升學制度上的變革莫衷一是，從一開始的「基本學力測驗」，透過申請入學、甄選入學及登記分發入學至高中職及五專就讀的政策，到民國一○三年為實施十二年國民基本教育，國中生升學則需參加「國中教育會考」後免試入學。入學方式的轉變，說明政府因應時代教育思潮的改變與現代社會大眾對於基礎教育的改革的殷殷期盼，身為基礎教育界的一份子，在教育現場不僅見證了制度的變革，更親身參與教育大熔爐的轉變，個人也更加堅信教育是成就個人發揮能力的基石，所以俗語常言道「教育是百年大計」，實為圭臬信言。

　　然而，教育是社會發展的軟實力。面對快速變遷的社會、科技發展一日千里、變動不確定價值標準及衝突的多元文化地球村的世界，每個國家的政府無不致力於找尋有效的教育方法亦或是有用的教學策略，有效的提升每個孩子的能力，讓國家的下一代有足夠的能力，因應面對未來世界的嚴峻挑戰。我國的政府當然也不例外，實際具體基礎教育的改革做法，可以從九年一貫國民義務教育基礎的推動，擴及十二年國民基本教育的實施。

　　從九年一貫基本義務教育特別強調培養學生「基本能力」，演進轉變至十二年國民基本教育則強調「素養」，而「素養」一詞成為未來教育的新關鍵字與新顯學。教育部已公布新課綱規劃在一○八年正式實施（已由原本公布時程延後一年實施），這波臺灣教育改革的新浪潮，正在以雷霆千鈞之勢，撼動表面看似平靜波瀾不興，實則內隱洶湧波濤的國民基礎教育現場，這也代表我國的國民教育從追求「每所學校都一樣，每個學生必須上相同的課，目的在培養每個學生都能夠具備相同的基本能力」，改變為「每個學校都可以發展不一樣特色課程，而學生可視程度及興趣來選擇上部分的課程，目的在培養具有素養的現代化公民」，這個巨大變革所產生的改變

與衝擊，可以說顛覆學生家長及第一線教育現場工作者想像。

參　偏鄉教育前進的力量
——新課綱的認同及實踐

　　「偏鄉」是一個名詞，從地理上的劃分或是資源上的評估……，然而，教育的力量之所以珍貴，在於它所提供社會流動的平等機會，彰顯出文明社會應具備公平的普世價值。因為身處偏鄉，所以學生需要多元化的文化刺激、外部社會力量的支持與系統性資源的挹注。

　　要成就一件教育的志業是不容易的，要堅持一年容易，但要一群人一起走六年，為了偏鄉的孩子盡心力，誠實不易。百年樹人的教育需要有心的人、堅定的信念外，還需要共聚的方向。除了有心，更需要有方法、有策略，這其中教師的意願就更顯重要，從教育養成階段就是分科培養的國中教師來說，統整、跨領域是件超級任務；基於教師的教學專業自主權，打開教室觀課更是讓老師有衣不蔽體，沒有安全的感覺，但，如何讓學生達到「真正的學習」，需要真正一個願意共同學習成長的團隊，唯有「願意真正學習的老師」，才能達到「真正學習的課堂風景」。

　　教師的改變是新課綱成功的關鍵因素，以下就本校團隊如何以「推動教師全面公開授課」、「成立教師教師成長社群」及「研發共同主題跨域統整課程」這三個面向出發，探討個人所看到的本校教師因為這些舉措而產生的「外在行為」與「內在思考」的改變。

一 | 推動教師全面進行公開授課

　　法規的訂定，是一種指標性的引導；內心的認同，方能真正的學習。

　　十二年國教課綱總綱明訂新課綱實施後，所有的國中小及高中校長及

教師，每學年皆需至少公開授課一次，但具體實施方案並未有標準作業程序，有待各縣市教育局處擬訂。然而在新課綱的公布實施之前，本校早已於在一〇二學年的期末課程發展委員會即決議通過教師公開授課原則，自一〇三學年起每位教師每學年皆需公開授課至少一次，由授課教師自訂公開授課時間後，通知教務處教學組辦理公開授課，教務處教學組再通知務必參與觀課教師與全校教師，統籌辦理公開教師公開授課前備課、說課、觀課及議課事宜。

教師的尊嚴來自專業，教師的首要工作就是教學，授課原本即是每一位教師的日常，對於教育現場的現職教師而言，理應不致有明顯困難，然而多年以來，為何每每有教師公開授課政策推動，常遭遇教師消極排斥或是給予負面評價，反對強迫非自願性教師公開授課實施，抗議質疑的聲浪不曾停歇，個人身處教育現場，推究教師反對公開授課原因，大致可為三種：

（一）對於教師評鑑及分級制度的疑慮

目前臺灣的教師並無教師評鑑及分級制度，教師對於教育行政主導人員的信賴及公平性也多所質疑與不信任，現職教師害怕公開授課的實施會成為教育行政單位對於教師考核的一部分，基於害怕不公平或不信任教師評鑑考核，因此不願意被強制實施公開授課。

（二）教師專業無系統性支持

現行教育現場不論是正式與非正式的教師專業對話的機會或時機皆缺乏明顯不足，對教師教學專業的提升與機制，無法有效地提供現場教師解決當前學生學習困難的困境，對於教師的教學困難解決系統與支持系統，都明顯不足或成效不彰，讓教師無法有自信的展現自己的能力發揮教育專業，進行公開授課。

（三）學校教師文化習於保守

　　教師文化氛圍多偏向保守，校園裡缺乏內部及外部刺激，教師害怕一旦公開授課後，會造成學生評議老師，因而產生教師同儕的比較壓力，少數教師已習於閉門造車、因循守舊，因此故步自封，反對教師公開授課。

　　然而在推動教師公開授課的過程中，本校並無遭遇重大的反對阻力與反對意見，能夠順利推展，個人推究原因亦有五，茲分述如下：

（一）教師公開授課的目的與意義獲得正向解讀與肯定

　　校長充分且積極地說明教師公開授課的用意與目的，學校教師對於主導實施的教務處行政人員有充分的信任與支持，再加上教師公開授課的決議經全體教師以民主程序討論、交流並充分溝通，因此全體教師同仁們對於新的行政舉措，都能一體同心支持，進而積極嘗試與配合。

（二）在尊重教師的前提下進行公開授課

　　教師公開授課的實施日程由授課教師決定，教師能做充分且足夠準備，減少不確定無法預期的事件發生，並且能獲得行政人員更充足教學資源的提供，減少教師在正式實施公開授課時的不安。

（三）行政流程及文書作業簡化

　　本校在實施教師公開授課時的備課、說課、觀課及議課時，盡量簡化行政流程，以避免增加參與教師及行政人員的負擔，觀課的記錄表單經過多次討論修正（本校訂有兩種版本的觀課記錄表，由觀課老師選用），讓參與人員不因過多的紙筆文書工作與繁瑣的行政業務而肇生對於舉措的反感與反對。

（四）外部觀課活動觸發教學動能

　　在正式實施教師公開授課的同年初，正好本校亦辦理兩岸語文交流活

動，有來自對岸大陸的特級教師與本校國語文教師進行一場「同課異構」兩岸教學觀摩學習。兩岸教師發揮教學專業，展現教學能力，學習者對於同文本但不同教學方法，產生的不同刺激與回饋，這個難得的觀課經驗給予本校參與教師莫大的思想衝擊。

歷經兩岸教師公開授課的震撼學習，校園裡的氛圍發生了改變，教師同儕對於新的教學教材教法展現出求知若渴的情形，有超過一半以上的同仁願意犧牲假期，主動報名積極地參與時下最夯、由教育現場中在職熱血教師所辦理的「夢的N次方」教材教法的研習活動，對於在教學現場所遇到的問題，也展現開明、開放的態度，在正式的會議與非正式的閒談中，公開討論與大方分享。天時、地利與人和的配合下，我們著實取得很好的開始實施基礎，每個同仁都期待著可以欣賞與學習同儕的教材教法，當然也期待著可以發揮專業與自信，成為同仁中眼中，在課堂中光采熠熠的閃亮的名師。

（五）公開課推動歷程讓參與教師有所得

教師公開授課由教務處教學組安排授課前的「說課」開始。說課的目的在於，讓即將參與觀課的同仁，能於觀課前適當的瞭解觀課當日課程目標、教學流程及課前知悉授課教師使用於課間的教材教法，意即觀課前讓每位教師參與觀課的老師都先服用「課前先備知識」大補帖。

個人參與的「說課」經驗，部分同仁提出需多個人未曾使用的教學流程而所補充的新教材也是本人前所未聞，部分同仁則是使用參與校外研習後再加上自己精心修正改良的教材教法。參與說課，可以理解公開授課教師設計教學時的思考模式，提供一個良好複製模組的途徑。

觀課後進行的「議課」，又是另外一場學習之旅。不同專長領域的教師、不同的教師，就有不同的觀察角度。每個參與觀課者說出眼中所看的的課室，這樣的回饋方式又讓原本的一雙學習的眼睛變成多雙學習眼睛，可以學習用多元且全面的視角，來結束整場教育盛宴。「說課」時同仁間彼

此多先互相激勵的說出，課室中在課程進行中所看到的優點，有時也提供些許建議，供授課者可以作為參酌改進未來的教材教法。

「昨日學，今日賣」、「好吃兜相報」，「好康報給大家知」，在如此的校園氛圍下，精緻的「說課」顯現出公開授課同仁的用心準備，其所設計的每項教學程序與課程中所提供的自編教材，則展現出教師的教學專業，一時之間，學校裡教師們似乎更顯群芳爭秀，百花爭艷。

不可諱言，國中教師日常的教學工作繁重，班級管理事務煩雜，而兼任行政職務的同仁更要無止盡地處理上級交辦的行政業務，除了以上問題，尚有一個最重要原因，教師們沒有名正言順的理由，可以在沒有尷尬、芥蒂又光明正大的進入教師同儕課室觀課。教師公開授課之於我而言，無非是可以在日常熟悉的教學環境、放鬆心情、拋開繁雜的行政業務，開啟另外一雙學習的眼睛。「觀課」讓我可以細細品味到一場每日發生於身邊卻無緣參與的教育盛宴，除可以瞭解朝夕相處同仁的教學內容、欣賞同仁展現專業與設計過的教材教法，更重要的是教學現場中，教學者與學習者的「教」的方法與「學」的效率。

科技的發展神速超乎想像，發展出可以教導老師教學的教學現場虛擬實境（VR），已是指日可待，但是個人相信，虛擬實境教學學習一定不及親臨教學現場的成效，能夠「手到、眼到、耳到及心到」，獲得實實在在的體驗，感受教學者熱情積極的「教」與學習者求知向上「學」的溫度。科技雖來自於人性，但對於某些事而言，科技始終無法取代其價值，教育就是其中之一項。

本校已有實施兩年多的教師公開授課經驗，個人也參與了其中將近三十場的觀課，看到的教學現場狀況是每位老師都能勇於面對公開授課的挑戰，並且積極充分的準備課前備課。此外，參與觀課的同仁也多能虛心求教。綜合以上，個人總結教師公開授課對於學校內的影響有：

（一）團隊的分享與增能

　　教師增進了教學知能，再也不需要捨近求遠，並且揚棄「遠來的和尚會念經」的偏頗觀念。教師同仁對於公開授課的經驗多能體悟到，獲得向校外學習者學習的機會固然值得珍貴，但卻也莫忘檢視身邊幽蘭芳菲，修行菩薩或許即在身邊，聞知求道不僅只有向外一路。

（二）尊重彼此的專業

　　不同教學專業背景的同仁對於彼此的專業陌生，但藉由參與教師公開授課的機會，可以得到實質深入相互的教學專業交流，還能利用這場活動，找到願意、支持與同好成立跨領域「專業教學成長社群」，進而為本校實施「共同主題跨領域教學」奠基。

（三）跨域對話與統整課程思維

　　不同領域專長教師有慣用採行的教材教法，在參與觀課活動後，適宜的、新的教材教法得以被仿效並加以複製改良，多元化的教材教法適當的加入教師的特色元素與專業內涵後，被應用於不同領域的課室教學，這樣的良性循環發展，讓老師有新的創意與刺激，進而發揮「青出於藍，但更勝於藍」的效果，教師公開授課明顯提升精進學校整體教師教育專業知能。

（四）正向力量與團隊的支持

　　公開授課教師獲得正向的激勵與支持，更有自信的掌握教學。在「說課」與「議課」中，參與觀課的教師給予正向及良性回饋，讓公開授課教師自省並及時的修正檢視，進而達到精進教學的目標，教師公開授課給予「觀課教師」與「被觀課教師」兩者相同的教學精進機會。

二 ｜ 成立教師專業成長社群

> 一個人走比較快，一群人走比較遠。

個人能力與時間有限，團隊力量可以超越想像。國中生普遍學習動機薄弱，對於教科書所編寫的文意理解能力不足，欲讓學生獲得良好的學習成效，僅藉由教師個人努力顯難達成，唯有透過團隊合作與支援，才可以事半功倍的精進與提升教師的教學品質。因此，為了發揮團隊的力量協助成就提升教師教學能力，本校從一○六學年成立三個教師專業成長社群。其一為「國色天香社」，其二為「健綜社」，其三為「樹大自然美社」，個人參加的是第三個「樹大自然美社」。

（一）社群組成跨領域──大家一起走

不同於其他學校的教師專業成長社群多僅由單一領域專長教師組成，本校的專業成長社群成員大多是跨領域組成。參與「國色天香社」的有本校的國文領域專長教師四位及校長；「健綜社」的成員包含健體領域專長教師二人、綜合領域專長教師一人、社會領域教師二人，成員中包含二位代理教師，本校校長亦參與社群專業成長活動；「樹大自然美社」的成員則包含數學領域專長教師三位及自然專長領域教師二位。不同領域的教師參與同一個專業成長社群是我們的初體驗，也是個人拓展教學視野的開端。

（二）社群發展由根本──坦誠與支援再出發

以筆者所參加的社群執行狀況為例，本教師專業成長社群總計辦理了七次正式的社群團體課程。在第一次的社群活動中，成員透過討論後決定本社群的成員分工與訂下每一次的社群活動的時間，由社群成員負責分享新的教材教法的活動，社群成員每人負責一次的分享活動。每一次的分享活動，教學活動設計與取材皆沒有範圍不設限，只要成員覺得有益於教學成效的提升，若需要提供書面講義或材料，亦由活動分享者負責準備，在

活動執行時若有經費、場地或人員需求，可以向其他成員隨時提出，基於教育行政作業的需求、累積執行經驗與知識經濟成果共享，筆者亦自願擔任教師專業成長社群的活動記錄者。

（三）社群活動依分享——不同領域的專長激盪教學思維

首次社群活動即由本人分享「如何將閱讀策略使用於國中科學教育上」，筆者以書商提供的教科書教材為例，使用投影機，導引學習者找出教科書課文中的關鍵字句，教導學生認識科普文章及教科書的編寫邏輯，培養學生獨力在陌生艱澀無趣的課文中，領悟重要的思考方向，快速找到文本所討論的重點。透過這項學習，學生可以習得如何輕易地、快速地找到科普文章的大部分重點與概念，這樣的學習策略的改變，對於學習成效中段、後段或容易注意力不集中的學生，尤其特別有助益。

第二次的社群活動由本校數學領域專長教師劉老師分享「PaGamO網路平臺介紹與如何將其導入應用於教學」，這個網路平臺，提供學習者類似網路線上遊戲的回饋模式，將學習蘊含於每一個闖關遊戲活動中。PaGamO網路平臺給予學習者不同於以往的學習經驗，平臺內容以數學領域與自然領域學科學習最為完備，教師適時的採用，可以更多元化的提供學習經驗，學習成效落後者亦可多次重複的學習教師為其選擇過的教材，讓不同的學習者可以有差異的學習進度，達到「個別化教學」因材施教的目的，而學習使用或運用網路新資源，可以讓教學者更輕鬆，學習者的學習更有效率。

第三次的社群活動由本校自然領域專長教師董老師分享「生物分類撲克牌介紹」。「生物分類撲克牌」是由大湖國中教師楊明憲所創作，應用於自然領域中的生物課程中，這份撲克牌製作精美，使用上容易理解上手，主要可用於檢驗學生的學習成效，增加學習的樂趣、減少記憶知識的枯燥乏味，蘊藏學習於遊戲之中。社群成員也提供數項對此撲克牌的改良方案，期讓其發揮預期的最大功效，最後成員提出將此遊戲應用於其他課成

的可能模組，取撲克牌遊戲中配對、排序、分類等重要元素，來製作屬於專業學習領域的專屬撲克牌。

第四次的社群活動由本校自然領域專長教師鄭老師分享「自然實驗跑關活動」。分享老師透過五個使用不同原理的自然實驗並兼用跑關遊戲，來帶領學生學習自然領域知識，遊戲即教育是其中最大的特色與亮點。闖關活動過程中，動手操作與實際驗證顯得刺激又有趣，實驗跑關活動激發學習者的興趣與熱情，提升學習者的強大的學習動機，對於國中自然課程學習至為有效。活動操作完成後，成員思考如何將跑關活動使用於其他領域教學或學校活動（如校慶、畢業典禮……等）。利用闖關遊戲刺激來觸動學生主動學習的動機，進而能思考解決問題，是我最大的收穫。

第五次的社群活動由本校數學領域專長教師林老師分享「數學教學桌遊」。課程分享老師介紹四種數學桌遊，運用的數學知識有配對、數的四則運算、邏輯推理及幾何概念。桌遊是時下國中生最夯，有能力打敗手機遊戲奪得青少年注意的「教學者的恩賜」，桌遊遊戲不僅只是為了遊戲，而是遊戲中激發想要奪勝的慾望，這個如何贏的驅動力讓學習者的思考在無形中產生學習遷移。「桌遊」可以提供了一個實體的學習鷹架教材，而學習教材的選用可以更多元，活動最後成員提出曾使用過或聽聞過的桌遊遊戲，並分析其中的良窳與如何為國中生挑選適合得桌遊。

在歷經五次的專業成長社群分享活動後，最後一次是成果彙整與發表，社團成員對於整個社群運作提出自己的看法，成員就執行的成效，提出檢討、反思與回饋。

個人在教師專業成長社群的參與過程中，得到不同於「教師公開授課」的學習經驗，教師專業成長社群強調的是分享者「手把手」將教材教法教會給被分享者，包含在執行教學所產生不預期的失敗經驗，提供最直接的仿效學習，透過成長課程，被分享者不僅止於習得亮麗的「武功招式」，更有「心法」傳授，打通教學時的任督二脈，可以立即使用於教學實戰，不再需要長年累月的自我摸索，網路社群也提供校內教學的知能分享平臺，

發揮「1+1大於2」的作用。

三│共同主題的跨域統整課程

跨出屬於我們的不可能

　　跨領域統整課程的推動，對於國中段的教師而言是困難重重的，一來沒有學科本質的支持、二來各個學科都有極重的課程分量與進度壓力，除了以上原因之外，主題的取捨、課程的規劃與整體計畫的執行與修正等，都需要更多的共識基礎與更充分討論的時間，然而，有好想法就會有好作法。

　　這幾年本校已發展與實施兩套共同主題跨域統整課程，一為「不一樣的三國」，另一為「文青小旅行」。兩套課程皆發展於本校教師全面公開授課之後，「不一樣的三國」發展於先，更曾榮獲教育部一〇六年「磨課師」創新課程績優團隊殊榮；「文青小旅行」於假期間辦理過三次與五小隊的活動，提供偏鄉學生擴大視野增廣見聞的機會。

（一）部定課程跨領域主題課程──不一樣的三國

　　本校在實施一〇六學年的下學期申請教育部「磨課師」計畫，開始推動「共同主題的跨域統整課程」。本校在參與教師的共同討論下，決定以「不一樣的三國」作為共同主題，參與計畫的成員則包含國語文領域專長、英文領域專長、數學領域專長、自然領域專長、社會領域專長及健體領域專長教師，幾乎全校所有的教師全員參與。

　　經過多次會議，團隊討論出的計畫是將「三國」的課程融入原本各領域的教學學習計畫之中，不增加太多教學者與學習者的負擔是我們每一位參與者的共識。跨領域主題課程開始是由社會領域老師利用二節課的時間介紹三國的歷史背景，建立學生的先備知識；繼由國文領域教授〈空城計〉以人、事、時、地及物加上閱讀策略，培養學習者以自學方式對〈草船借

箭文本進行〉分析與解構；而後由數學領域兩位老師於數列單元課程中，導入以〈赤壁之戰〉為背景設計的教師自編學習材料；於二元一次方程式的圖形中，導入以〈官渡之戰〉為背景設計的教師自編學習材料；英文領域教師配合三國遊戲的人物漫畫與動畫來學習英文的文法；而健體領域課程則設計「三國飛盤爭霸遊戲」讓學生於遊戲中體會「攻與守」、「和縱與連橫」的巧妙配合，下圖是「不一樣的三國」跨領域主題課程的心智圖。

　　「不一樣的三國」是一項新的嘗試，共同主題透過不同領域專長的教師合作跨域統整課程，每位參與教師將原本教學計畫所排定的部定課程融入「三國」題材，提供學生多面向與多元化思考、探索與統整，課程不再只有相互垂直的縱向發展，增加平行的橫向聯結，教師團隊們互相激盪發揮創意，學習領域開始「合久必分，分久必合」讓學習更加有趣。

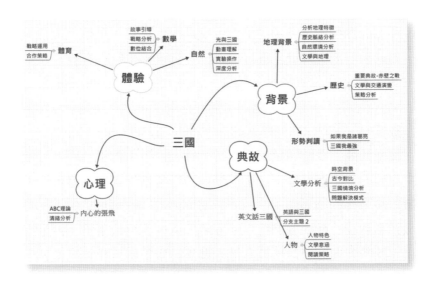

（二）校訂領域自學課程跨域統整再升級──文青小旅行

　　在民國一〇六年的暑假期間，本校開始推動第一次「文青小旅行」共同主題跨域統整課程，課程內容主要包含地景文學的介紹與寫作、攝影技巧的學習、在地文化探索及部落格平臺發表課程等，最後由學生設計兩套

以搭乘火車為主要交通工具的小旅行活動，實際的小旅行一隊搭乘火車向南而另外一隊則搭乘火車向北，展開一日的「文青小旅行」，嘗試由學習主動的眼睛看這婆娑美麗的世界，並藉此向外擴大拓展學習觸角。

有了第一次的「文青小旅行」辦理經驗，在一〇七學年的暑假期間本校推動第二次「文青小旅行」，並在一〇八年的寒假配合臺中市辦理花卉博覽會推動第三次「文青小旅行」。而每一次特色課程開辦時都由教學組統籌與再設計，針對不同的學習者與不一樣的旅行目的地，給予安排配套的共同主題跨領域統整課程。

「文青小旅行」的課程題材不再局限於部定課程，內容豐富、多元，因為不是全面要求全校每一位學生都參與，所以保留作為學習者應具備的積極性與求知的企圖心，參與完成課程的學生有六十幾位，效果顯著的表現在他們小旅行返校後的成果發表上。「文青小旅行」是以玩樂的心情來進行學習，要完成課程需要多項的能力，所以學生願意主動學、主動問，為了在最後的成果發表上能展現最好的自己。偏鄉學生雖然有機會在家長或學校的安排下有家庭旅遊或校外教學，但是和有目的、有規劃及自己設計「文青小旅行」是不一樣的，透過這套課程學生可以學習專業理論與進行實地實作驗證。

在實施共同主題跨域統整課程時，個人也發現跨領域學習可以提供學習者更完整的知識概念學習，單一領域的學習常僅讓學生習得片段知識，學生難以將習得的知識轉化應用於日常生活的問題解決之中，經過設計後的跨域統整課程，教學群們得以節省時間減少部分或不需一再重複先備知識教學，讓學習內容可以快速且深入聚焦，學習廣度也可以增加，學習者可以學習全面向的思考與解決問題。

肆　新課綱偏鄉教育行行重行行

　　跨越九年一貫課程，即將於一〇八學年度開始實施的十二年國民基本教育課程綱要強調「素養導向教學」，新概念的提出讓不少在教育現場的教師感到疑惑、同時也因疑惑產生不安與焦慮，提出這些共同的疑問——究竟什麼是素養？為什麼以新課綱要以素養為主軸？面對未來，學生需具備的核心素養又有哪些？面對這些疑問，教育部在十二年國民基本教育課程綱所推動的網站已提供充分的解答與說明，個人無法再給予更好的答案。

　　然課程的推動，不是一個口號或是一場研習，而是真實的實踐在課程中。因此，個人綜合這幾年的教學實踐中，體驗出以「素養導向教學」應以學生、教師及課程的角度進行思考，是分述如下：

一｜以學生為主體的系統性教學策略

　　當課堂是依學生為學習主體，因此教學者更需針對不同的學習者，運用不同的教學策略並提供學習者更充分的鷹架，來協助學習者進行轉化學習，進而產生自學的能力。

二｜教師的教材教法須與時俱進

　　教學者因應不同的學習者，必須選擇多元化合宜的教材進行再設計，揚棄一成不變只有口述的教學模式，改以配合教材內容選擇媒體資源應用，並使用多樣性與多元化的教法，才能達成有效教學。

三｜統整性學習思維的課程觀

　　跨域統整課程將成為學習的主流，單一學科的學習必須配合主題式或問題探究式課程，才能讓學習者習得完整的知識概念，片段的知識透過系統統整的教學設計，知識才能有效、有用與完整的被展現。

　　進步的國家必須建立在進步的教育基礎上，而進步的教育則必須建立在進步的教材教法上。期望藉由本文提醒自己在教育工作上及時反省教學效能的不足，並不斷追求精進提升，對於教育現場的問題可以見秋毫、亦見輿薪不致偏枉，亦期待以本校教學團隊實際執行十二年國民基本教育課程綱要前導核心學校的經驗，加上個人野人獻曝、鄙帚自珍的心得體悟，可以供同行的教育工作者有所參酌互相交流。

與十二年國教核心素養課堂的相遇與望見

新港中小學　　陳怡君

啟文國小　　　謝志國

學習與教學的點滴串流，

教改遞嬗的時光歷史中，

能力或素養，

機會或限制，

思索、探究、觀望，

我們都在風景中體驗成長。

於是，我們在教育的窗扇中努力著，

好的與壞的，陽光與陰霾，

都被包裹在每個學習場域中，平凡而深刻。

──教學有感札記──

壹 楔子

　　民國九十三年全面推動了九年一貫課程，經過十四年的努力，因應時代嬗遞下教育潮流的推進，十二年國教終於將在一〇八年上路。九年一貫強調培養學生帶著走的能力，「核心素養」承續過去課程綱要的「基本能力」，但涵蓋更寬廣和豐富的教育內涵。核心素養是指一個人適應現在生活及未來挑戰，所應具備的知識、能力與態度。「素養」要比「能力」更符應臺灣社會接軌國際人才培育的需求，核心素養強調學習的統整性，學校教育不能僅以學科知識作為學習的唯一範疇，而是彰顯學習者的主體性，重視學習者能夠運用所學於生活情境中。

　　教育改革的路一直以來只有推新，沒有太多的批判與反省，然而十二年國教總綱公布後，如蜘蛛絲般的問題與疑竇密密網住教學現場、學校、老師、家長的思慮，其因應之道為何？可以做些什麼準備？這樣的課綱真的可行嗎？該如何進行課程規劃、執行與轉化？學生的素養該如何形塑？教師的身分該如何轉化與提升？如何能撥開迷惘，不顛簸的在教學中創發核心素養能力的火花，活化課堂教學實為現場教學者的一大考驗。

　　教育改革的沸沸湯湯，或許仁智互見，但對於改革發展的議題，從九貫到一〇八課綱，歷經衝擊於教學現場的我們，面對政策，我們沒有決定權；但在教育現場的課室中，我們卻可以創造自己的主導權。政策與教學，夢想與現實，我們都可視作互相對話的素材，它是一扇窗戶，引導我們看見自己與世界、與知識以及與自己的相對位置；它也是一面鏡子，啟發我們省察自身教學與政策的互動性，思考自身與課程的創造性，體認師師及師生的能動性。如此，我們才能在二十一世紀網路革命巨變的新世代，發現學校教育的新位置，探尋學生的新未來。

貳　從知識、能力到素養的自我覺察

　　筆者本身從民國一〇三年執行教育部推動行動學習計畫經驗中，強調的是跨域、跨界、跨科學習能力的學習模式，建立「以學習者為中心」之教育方式，並以PBL（Project-Based Learning or Problem-Based Learning專題式學習或問題導向學習的學習模式推展課程，強調學生能力與真實情境的結合應用，以培養學生具備二十一世紀關鍵核心能力的目標，以活化十二年國民基本教育，包含如批判性思考與問題解決能力（critical thinking and problem solving）、有效溝通能力（effective communication）、團隊共創能力（collaboration and building）、創造與創新能力（creativity and innovation）等，即為符應二十一世紀環境之工作、生活的公民圖像，為培育未來的人才，期許透過核心素養能力為導向的課程教學設計，提供學習者多樣性的知識、能力與態度所交融出豐富的高層次能力展現。

　　《十二年國民基本教育課程綱要總綱》揭示，實施「素養導向」教學是主要方針之一，課程中的核心素養（core competencies）是指為適應現在生活及面對未來挑戰，所應具備的知識、能力與態度。「核心素養」強調學習不應局限於學科知識及技能範疇，指稱的是跨越學科範疇的通用識能，關注學習與生活的結合，透過實踐力行而彰顯學習者的全人發展。

　　一〇八課綱中的課程發展，替教育現場帶來全新的思維，以素養為導向的教學目標，迥異於僅著重知識條件建立的教學，甚者，需要更寬廣的思維面向，呈現出學習的主體性，透過更深、更寬、更廣的課程曲徑，賦予課堂轉化與提升的可能性。

　　基於上述理念，筆者擔任教育部主題跨域專案計畫及執行教師已五年餘，在教學執行的過程中，有甘甜美好，亦有挫折困境，交織出的教學生命在自我價值認同中有碰撞的火花，有省思後的成長，點點滴滴的高低峯淬鍊出筆者在面臨新一波教改強勢而來的浪潮下，並不畏懼這股從知識、到能力、成素養的教學革命所帶來的衝擊與挑戰。據此思維，以知識觀及

學習觀深入瞭解學校現場教學情境中第一線的教師的心態及處遇，課堂的現行樣貌與教師轉化詮釋教材的能力，評量方式的改變與學生能力的重新定義，解構十二年國教靜態的呈現，探索冰山下的隱性未見的動態樣貌。

參　邁向AI+課程的第一哩路

教育部《十二年國民基本教育綱要》中，形塑課程實踐之重要概念「核心素養」，除了重視知識、技能外，亦強調情意態度的課程統整與跨領域學習。基本上，素養導向的課程與教學設計的構想，透露出這波的改革中，不僅著重「知識與技能接合」的學習結果，必須更關注「活出自己生命意義」的終生學習實踐。

新課綱實施之前，一〇七年筆者與一群學校夥伴教師藉由參與教育部的數位學習深耕計畫，先行於一〇八課綱施行前，已默默地與團隊教師在學校的課程推動上進行AI+（Advanced Interdisciplinary）的主題跨域課程，發展主題跨域的學科課程，根據聯合國永續發展目標（Sustainable Development Goals），共同研發主題跨域的素養課程計畫，實行教師協同教學，並凌駕科技之上，運用科技在各學習領域中盡情創新與探索，發展學生的科技應用能力、高層次思考能力和跨領域整合與實作能力，並將所學回饋、關懷社會，發展下一代應有的核心能力與關懷態度。

面對新課綱的上路，身為現場的老師們勢必得調整自己的角色，成為學生在學習過程中的支持者，學習以學生的需求及興趣為出發。調整角色的過程中，老師們要面對的挑戰及心態，學習主導權的重新定義，跳脫傳統的教育現場control freak（控制狂）的主控地位，才能讓新課綱的課堂風貌重新展現學科力與核心力──兩力互相攝融的課堂風景。

當然第一哩路中，課程形塑過程中，對新課綱理念的理解以及課程實施具體樣貌的勾勒實行，挫折與摩擦、美麗與淚水交織出的點滴課程，讓

跨域的校本課程，更統整、更有系統，導向培養學生核心素養的課程路徑，經由團隊教師不斷對話、修正，透過理解、詮釋與再建構課程願景，有系統地發展出以學生為中心之主題跨域課程。

肆　在課程旅途的知行思

課程的釀造，不會是無中生有，更不會憑空想像，課程是段旅程，每位學生，在有經驗的嚮導老師指引下旅行，於行旅中師生彼此互為主體，於每個步履中，認知、行動、思考，吸取知識的養分，浸淫於學習氛圍中，成為教學與學習中的主人。

一｜創造知的價值與行動

課程旅途規劃中，團隊教師作為課程嚮導，課程全貌做規劃統整、循序漸進，以校訂課程發展架構圖像延伸，以英語領域發想發展主題跨域課程，由校長擔任課程領導人角色進行全校共識凝聚，共同邁向師生共學園的境地。

在課程改革的路上，每個人都是不可或缺的角色，全校都是課程推手，最重要的是，不能築牆關在裡面，也要不設限學習，推倒許多內外高牆，學校和社區間、國中小界線間、領域和領域、科目和科目、教室和窗外、知識和能力……等之間的藩籬，讓「跨域跨界課程及不設限學習」成為課程的核心價值，一同航向一〇八課綱旅途。

二｜行出互動的課程氛圍

學校場域中有著許多的衝突和挑戰，所有的碰撞與火花，都是課程發展最好的素材，在英語中有著國際的視野，在自然中有著藝文的陶冶，在社會中融入在地的認同，所有的課程在學習中彼此對話，創造機會形塑課

程獨特的教育臉譜，這些點點滴滴的元素，異質而多元，正是前進的契機，也用這樣的信念行出互動的課程營造風貌。

（一）醞釀課程光與影

　　座落偏鄉的學習場域上，走入世界，翻飛學習——把國際視野和世界觀，帶入學校課程發展與教學的視域，對位處偏鄉的師生來說是重要的課題。發展學校的主題課程，探訪學校的「光」與「影」——「光榮和驕傲」的傳承與分享、「問題與困難」的解決與改善，回到與社區或生活結合的問題並生成共識，回到原點、回歸初心，找尋動力，發展課程。於是乎本校主題學習呼應校訂課程的起點，更呼應學校課程改革的初衷。

　　本校核心素養跨域主題課程學生願景圖像透過層疊架構，逐步培養學生成為一個自主學習者，成為知識行動的主體。從第一層次的「探索家」角色引領孩子於學習歷程中探索，拓展感官經驗，轉化知識為行動，開展孩子五官感知及應用表徵符號，並創造與生活中人事物的互動連結，協助孩子在生活與實做中主動學習，落實新課綱理念和內涵精神；第二層次的學習透過觀察與實踐歷程啟發孩子思考，透過自我覺察批判反省，感知「人與自己」、「人與他人」、「人與土地」、「人與全球」之間的互動關係，強化自我監控能力，學會自我省思，涵養內在素質；第三層次將學科知識運用於生活情境中，面對問題能多元思考、解決策略，進而從「公共參與」出發，強調「合作學習」的課程形式，目標旨在創造出更多與真實學習情境連結的學習機會，學習歷程中讓知識、技能和態度交織在一起，培育出真正具行動力的全球視野公民。

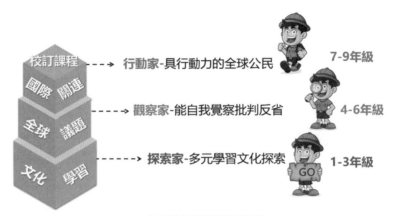

校訂課程　---→　行動家-具行動力的全球公民　　7-9年級

國際　關連

全球　議題　---→　觀察家-能自我覺察批判反省　　4-6年級

文化　學習　---→　探索家-多元學習文化探索　　1-3年級

・主題跨域課程願景圖像

（二）活化課程能動性

　　透過課表安排，讓團隊教師有更多時間發揮教學能量，透過課程時間的跨域整合、社群意識的建立與跨域課程間的合作交流，一起為學生帶來課程旅途中的創新與改變。

　　每週四下午為全校式統整課程及有機彈性課程時間，學生透過此時間進行大班群的教學或討論活動，增加對話、與討論的時間，突破傳統班級的型式，讓師生間、師師間、生生間有更多對話與成長的空間與機會。

　　社群是課程發展的火車頭，可以推倒校內高牆，計畫團隊教師皆參加教師專業社群，讓不同領域、年級的老師們共同進步，透過每月週三下午社群定期聚會，跨科跨領域的異質性分組帶領教師不同的專業成長空間，請到外聘專家學者為教師的課程精進激盪火花，提供教師跨界跨域的教學素養思維，推出「微創課程」，再透過各組創發的「微創課程」匯聚成為學校的「深耕課程」。

　　化零為整，化整為零，零零碎碎，卻能完完整整，用原本零碎的課程片段元素，配合學校校訂主題課程，孕育出依據節慶及時序時程而推出的「統整主題課程週」，在上下學期期程，配合校慶週、文化週、國際教育春季及秋季闖關節、期末感恩週、才藝發表週、課程博覽會週、主題書展

週⋯⋯等，辦理相關課程統整活動，讓全校教師一同參與規劃不同的課程及展演型式，讓單獨的課程卻有互相交流觀摩及整合的機會，更讓校園的課程樣貌一直翻飛遞嬗，呈現出多麗繽紛的風貌與景色。

三 │ 思考課程活水來

（一）起心動念的課程

除經師外，秉持為人師的初衷才是老師的價值所在，本創新課程教師團隊，在不同教師專長協同合作進行課程研發、雲端、創客、創新教學和國際教育，以前瞻性的思維，為學校注入新氣象，並全力協助引導專案課程的推動。

為讓課程及團隊模式發酵，讓課程活水源源不絕，團隊教師每次的對話中，開發新課程提案，透過會議讓想法更聚焦，過程中彈性調整，透過集思廣益的滾動式課程，逐步深化團隊意識的凝聚及課程的精進，讓團隊教師「從實踐中學習」，更落實十二年國教自發、互動、共好之精神，藉著課程發展，活化學校發展，透過教師成長的過程，成為學校成長的永續經營元素，透過集體努力與創新，營造一個美好圓滿的「學習共同體」。

（二）互相結盟的親師生

課程中，誰都不是陌生人，親師生本有緊密結合之關係，親師生互為課程的「學習共同體」，課程中再納入社區及生活脈絡，思索生活情境議題的元素，社區、家長、在地社群資源的納入皆是真實情境的教材，挹注生活資源的支持，如此互為「生活共同體」，一同創發設計整合課程，才能共創課程的「幸福共同體」。

（三）團隊教師一群人

> 我們，一群人，
>
> 走在課程的現在及未來，
>
> 在課程的行旅中，
>
> 這條路，一同齊力協行，
>
> 因為相信，所以能，
>
> 因為同行，所以相信，
>
> 無懼，前進。

結合了一群好夥伴，課後，團隊教師的我們談天說地，激盪想法，凝聚課程力量，開啟課程素養的新世界；課中，我們實踐想法，在挫折及瓶頸中，與自己、夥伴、課程、學生對話，修正主體思維，讓課程能持續發酵擴散。這股由下而上的力量，透過團隊成員的合作分工與共備共好，課程或教師不再行在踽踽獨行的路上，一群人，一齊往前行。

打破教師心中的藩籬，就能把一個一個的力量串聯在一起，齊力協行地走在教改的路上。由筆者發起不定期的社群會議，一次次的對話討論，拋除禁錮的舊想法，跳脫僵化的新思維並不容易，但2年的團隊意識隨著時間的琢磨，讓異化趨向同化，讓斷裂轉為整合。

透過彼此對話、分享、切磋、討論，把原本屬於零碎的課程軸線，透過共識凝聚，一絲一縷的織起課程的整體樣貌，凝聚團隊協力同行的氛圍，傳達共享的價值與信念並建立共同願景，進行教材的研發與課程的創新，並形塑共同的願景，再依據專長分工，進行同儕的學習，促進教師的專業成長。

透過跨領域的主題課程，以學校願景為課程發展的主軸，進行各年級的課程設計與連結，並依據實際的教學狀況，於每月定期召開的教學研討會議中進行適時的修正課程內容與實施方式，讓課程史不斷在滾動修正中，越磨越亮。另外，透過專業諮詢，引進外部資源，聘請專家教授輔導並協助指導課程的開發，以創造「1+1大於2」的效益。

伍 核心素養與英語跨域課堂的初遇

　　英語學科核心素養藍圖勾勒出十二年國教倡導的從「培養學生帶得走的能力──英語溝通能力、文化意識、興趣態度」培育學生基本語言運用能力，轉變為以「具備素養的國民，能將習得的學科能力與知識在生活實踐中轉化」的英語學科核心素養。每個向度都有其獨特內涵，同時綜合作用於英語教學過程，既展現英語學科本身屬性所內含和特有的語言能力、文化意識與全球視野的要求，又含括了所應指向的對應學習能力、寬度和深度的培養，相較基本語言運用能力模式，更能彰顯並有利於發展學生的英語核心素養的生成。

　　本校校訂主題跨域課程便以此論述為初衷，藉此深化與開展學生的英語核心素養，讓其與學科能力在學校、在教室、在生活中都能相互輝映、互相對話。在正式課綱上路前，由此課程中，蘊含我與執行教師的教育價值與觀點期待，開啟了一場核心素養與英語跨域課堂的相遇之旅……。

一 | 實際情境脈絡連結，賦予學習意義

　　所學知識若脫離所處的脈絡，造成理論與實務的斷裂，將讓學生空有知識，卻如束縛般不知如何應用與實踐。從英語課堂中看出知識與情境脈絡的連結性，透過生活與情境脈絡的連結到學科知識，讓學生真正知道在生活中應用的情境例子，賦予英語學習真正的意義。

二 | 強調學生參與和主動學習，展現多元跨域能力

　　核心素養的養成是一種綜合能力層疊而上的養成過程，在英語課堂中強調能力與情意的綜合展現，學生在課堂中積極的投入與參與，展現課堂主體的能動性，回歸到以學生為中心的課程與教學，學生在課堂學習歷程中蘊含出主動、參與、嘗試、探究、溝通、討論、尊重、反思等綜合性統

整素養能力展現。

三 ｜ 兼顧學習的內容（學習內容）與歷程（學習表現），彰顯核心素養的統整能力

核心素養具有共通性與跨領域的特質，英語課堂中呈現除了文本知識（學習內容）外，亦兼容情意與態度的養成，培養跨文化溝通、國際競爭與合作能力（學習表現），呈現出知、情、意、行的統整能力表現。

陸　核心素養在英語課堂的體現

在現行英語課堂中透過教師及筆者設計之教學策略的轉化與提升，三面九項的核心素養項目透過分階段、分領域的原則，更貼近學習重點表現。在教學省思記錄及與教學教師共備共議的對話中，不難發現十二年國教核心素養的元素早已隱晦於現行英語課堂教學中，靠著教師教學能量的展現，教學點點滴滴，層層轉化素養元素，賦予核心素養新時代的教育改革意涵，穿越邁向十二年國教路途中的懵懂迷霧，體現出英語教學與核心素養交織出的火花。

一 ｜ 基本英語能力的深耕

語言能力是指利用語言以聽、說、讀、看、寫等方式理解及表情達意的能力。在時代背景下，老師在課堂上，帶領學習者在面對多元豐富學習文本及豐富資訊下，培養其「聽」的敏銳、「說」的技巧、「讀」的品味、「看」的即時、「寫」的產出──英語語言技能的必要元素，聽、說、讀、看、寫成為構成英語課堂的基本架構，從中理解並獲得語言真正意義。

教師跳脫傳統測驗卷檢討訂正的方式來幫學生進行月考前的複習，取

而代之的是從生活中、學生熟悉的卡通人物、電影角色中取材，讓學生活用並藉此複習考試單字及句型，教師深具創意的製作了活潑，引人興趣的複習簡報，讓學生在輕鬆活潑的氣氛下，複習了第二次英文月考的重點。（課堂記錄──20181124）

　　在具核心素養的英語課堂中，除了基本課本句型的扎根練習外，透過小組分工、團隊合作、以生活情節為學習素材，教師透多元教學策略協助學生整合語言技能，經由語境與語篇等傳遞意義，進行跨界跨域的人際互動與溝通交流，無形中深耕基本英語能力的「學科素養」，更活化了跨領域的通用「核心素養」特色與內涵。

　　透過老師自製英文月考前的複習簡報及題目，由淺至深的順序編排教材，利用小組合作學習及積點加分競賽，寫出答案，同組間程度佳的協助程度差的同學書寫出正確答案後，由個人小白板展示答案，前三組又快又正確的得到一點。課堂氣氛輕鬆愉快，不見嚴肅的月考壓力，學生愉快熱烈的複習著，學科核心素養與通用核心素養精神不言而喻。（課堂記錄──20181124）

二｜公民意識視野的涵養

　　英語學科核心素養強調從多元文化的角度對文化意識及國際視野進行參與式培養。團隊老師透過自編延伸的教材、遊戲、對話等型式，呈現對中外文化的理解和對文化涵養的認知，豐富了學生在全球化背景下所應表現出的包括知識、觀念、態度和行為的知能涵養。通過豐富語言與文化交融的教學策略進行知識獲取、內涵比較、異同分析、精華吸納，並在自尊、自信、自強的價值觀基礎上，理解運用多元文化素養，建立學生跨文化、跨國際的溝通與瞭解。

　　結合節慶的多元統整教學課堂：感恩節卡片的製作，讓學生將課堂中

應學得的單字句型，結合手作，將感恩的元素融入教學素材中，讓學生不僅學到英語的學科知識，更能融合文化節慶的意涵，擴大了英語學習的深度與廣度。（課堂記錄——20181110）

三｜主動思考能力的培養

主動思考是英語學科核心素養中重要的一環，也是最貼近學生核心素養個體獨特性發展的一個向度。透過團隊教師自我對教材解構、建構的過程中，呈現出的教學策略亦能協助學生培養主動思考能力，以主動積極的態度進行辨析、分類、概括、推斷、分析等學習方式呈現，體現其在邏輯性、批判性、創造性等方面學習思考技能展現。教師素養能力教學打破了學科教學知識單向度的傳輸觀念，更重視學生主動參與、發展多元知能、應用生活經驗的社會適應力。

若學校沒錢可讓學校環境像康橋雙語學校一樣，但是教師自己可以用轉換的方法來營造雙語學習的情境與氣氛，讓學校有一種自然而然學習的氛圍。教學方法也顯得重要，體驗式的學習可以讓學習加分，如之前教酸甜苦辣的單字，即結合實際體驗食物與生活情境的對話來進行學習；配合學校統整週所推出的活動，如spelling bee activity，也連結課內知識進行發揮應用，這種學習方式不僅激發學生主動學習，也讓孩子留下深刻的學習印象。（會談記錄——20181222）

• 主題跨域SDGs課程Finding Home Mission

四｜學習能力意涵的踐行

在學習能力的實踐層面，團隊老師深深覺察出此點的重要性，在課堂中以生動活潑形式協助學習者拓寬英語學習路徑，運用適性彈性的教學策略，從而提升學習的深度與廣度，讓英語學習能力與核心素養緊密相關。團隊教師配合學校課程願景，英語課中融入作為二十一世紀的學習者的學習元素，加入國際議題、文化節慶、環保、生態的議題，讓其體悟學習不再是拘泥於以書本、教室、傳授為核心主體的教育情境，符應未來的深度學習，保持學習興趣、明確學習目標、有效獲取學習資源等方式進行統整式學習，培養學生具有符合未來所需能力的世紀公民素養。

以聯合國永續發展目標（Sustainable Development Goals）為課程目標，透過國際網路主題跨域課程與來自世界各國的學生一同於網路合作平臺上共同針對SDG Goal 10&11為主的「難民」主題跨域學習內容Finding Home Mission進行學習，彼此激盪想法、互相討論，在論壇上隨時分享與交流，並為小組的學習作品、影片、學習單、海報等學習歷程成果，進行回饋與評量。在學習的最後階段更是把想法化為實際，用自己的力量，讓想法實踐，幫助國際難民，展現國際行動力。學習無分國界，跨域時間空間的距離限制，讓英語學習跨出新高度，讓主題跨域展出新視野。（課堂省思──20181205）

柒　十二年國教核心素養於現行英語課堂中的未竟之處

面對新課綱上路，許多擔憂與問題不斷浮上檯面，對教育來說是危機或轉機，許多面紗仍未被揭露。其實在大多數的教學者的心中上能坦覺得出對於一〇八課綱、核心素養、三面九項概念仍顯模糊與猶疑，現場第一線教師的主觀認知及教育理念溝通皆顯匱乏，顯見未來在全面推動下，許

多疑問與困境將會慢慢浮現。

一｜核心素養課程設計的規範或依據標準為何？

　　時間的客觀困境使得原先一〇七即將上路的新課綱延至一〇八年實行，然而在官方網站中有關英語素養導向領域教學示例卻未見提供，知識、情意、態度（價值）等課程組織要素不清楚，導致教師難以掌握學科的核心結構。現場教師在面對模糊的概念與混沌的狀態下，許多擔憂與未知，從理念的落實到素養導向的課程設計，如在茫茫大海的懸木，載浮載沉。

　　十二年國教理念，對許多學校單位來說，不想走在先行路上，也無先導的想望，只隨著教育的時間軸，隨波逐流的順遂學校例行行事，教師自然在此種氛圍中與改革或創新的理念漸行漸遠，在學校的僵化官僚主義與威權主義的行政文化下，教師主體性愈發喪失，自學意識無法覺醒，更遑論參與十二年國教的前導學校之試辦之路。

　　主政單位應換位思考，以後現代主義觀點解構教改的科層，把基層教師視為第一線教改基層人員，增權賦能給予彈性多元的空間，讓不屬於行政主流的現場教師亦能發聲、對話，展現自我覺性意識，詮釋出核心素養的真正基神與意涵，才能呈現出主客體兼容與多元價值體現的教改論述。

二｜新課綱實施後，如何評量學生的所具備的素養？

　　「素養評量」是一種題型，而是測量素養導向之教學成效的工具（單維彰，2017）。素養評量注重歷程、多元及真實，是以專題、體驗、探究、實作、表現、活用為核心。學生透過整合所學，不只能把所學遷移到其他例子進行應用，或是實際活用在生活裡，更可對其所知、所行進行覺察思考，而有再持續精進的可能。

　　當素養也必須要在試卷中，內容和表現兩個向度來檢視，各領域、各階段教師評量的整合層面就顯得重要。若同一年段同一科目，由不同教師

授課，該如何彈性運用實作任務、開放性問答、隨堂和正式測驗、觀察、檢視作品、放聲思考、面談、專題報告等多元評量策略，又要兼顧整體性和連續性，呈現核心素養的知識、能力與態度在實際生活應用之檢核，真實反映出學生於本科目領域的學習情形或應用成效？如此的評估與回饋，檢核機制是否真能呈現學習的本質？

再者，學習評量方法及工具有其限制，雖然引導教學設計能趨近性的瞭解及改善學生學習，但難以完全涵蓋所有學習的層面及成果，若學校整體課程及教學性質，無法妥善調整運用，勢必使學生素養表現的程度無法掌握，而現場課程規劃及教學設計改進則無所依據。上述問題附加出城鄉落差的疑義、家長的疑竇、教育資源兩極化、行政的整體規劃配套、校長的課程領導角色，這些問題癥結，仍待未來能有完善的解決方案。

三 | 知識論與學習觀的矛盾

十二年國教核心素養強調從給定的、靜態的知識朝向辯證的動態的知識，重視學生自發的建構自己的知識，擺脫權威檢驗知識的標準，甚或讓學生檢驗自己的學習成效；故學習觀上以探究的學習為依歸，學習不是精熟已知，而是探究未知，不管是學習共同體或翻轉教育，都是一種建構主義的學習觀。

在知識觀與學習觀的相互辯證下，思考、轉化、內化的知識，才能成為素養。但許多現實面疑慮下，不得不承認，在學生程度差異落差下，學生如何檢證自己的學習成效？課程知識與真實情境、問題的互動式學習，擬真式的真實情境學習如何呈現在教室？現行的翻轉教育或翻轉教學是否真為核心素養的課堂形式？學校活動視的課程歧路如何與學術性的領域課程進行對話？有亮點的特色課程如何不是框架在課程願景架構圖的空洞口號？素養課程教與學的觀念，實踐與書面計畫是否為不同的兩個世界？

捌　在素養與跨域課程火花激盪後一章

　　面對十二年國教課程的正式上路，大家始於同一起跑點，但幸運的是，筆者與學校團隊教師於鳴槍起跑前開啟了校訂課程的第一哩路，因而開啟了十二年國教課程的知行思之旅。然而，從無到有，經歷篳路藍縷的艱辛；從有到好，跨過高峯低谷的障礙；精益求精，熬過困頓待援的苦澀。面對新課綱即將上路，什麼是學校應有的願景目標？在新課程中，什麼是新的著力點？素養和九年一貫課程的能力一不一樣？彈性學習課程，不就是特色課程嗎？社團活動可以算是課程嗎？統整性主題探究，就是主題統整課程吧？這些疑問，不僅令人反思如果只是九年一貫課程「換句話說」，只是用新詞彙包裝舊概念，十二年國教課程對學校及教育者就失去了意義。

　　那，為何要新課綱？當然，新時代中教育應該不一樣，單為不一樣而不一樣，其實不盡然。十二年國教要成熟與深耕需要時間與智慧的醞釀，讓「活動」成為「課程」，「教導」讓位給「學習」，將「學科知識」化為學生的「素養」，也許還需要一段很長的路。在此，筆者真實呈現於第一哩路後的經歷與反思，核心素養是什麼？怎麼教？怎麼做？由此，賦予新時代課綱改革下教學與學習的價值，也更加為未來的課程方向，開啟一扇希望的窗櫺。

是什麼？

一 | 點燃核心素養與現行英語課堂的火花

（一）知識、情意、技能，缺一不可

　　教師應調整偏重學科知識的灌輸式教學型態，可透過提問、討論、欣賞、展演、操作、情境體驗等有效的教學活動與策略，知識、情意、技

能，三者的整合發展，內化為個體終身學習的涵養，打破「學習為考試」、「分數即學習」的迷思，引導學生創造與省思，提供學生更多參與互動及力行實踐的機會。除了教科書內容的學習之外，應培養學生能運用科技、資訊及媒體所提供的各種素材，以進行檢索、擷取、統整、閱讀、解釋及省思，並轉化成生活的能力與素養。

（二）結果、歷程、方法，三者兼具

學校教材的設計，除了知識內容的學習之外，更應強調學習歷程及學習方法的重要，從歷程中提升學生的內在動機，學習目標重新定位，強調學習自主權，老師的角色調整為設定目標、情境、安排活動的前後順序及內容，在學習歷程上重視知識的解構與建構、動手操作的學習及與人溝通合作，提供學生適性的學習歷程與方法。

（三）學科內容、抽象知識、情境學習，交織呈現

學生能主動地與周遭人、事、物及環境的互動中觀察現象、尋求關係及解決問題，並關注在如何將所學內容轉化為實踐性的知識，並落實於生活情境中，與世界真實連結的去捕捉及建構英語學習的意義。

（四）本位學習、社會參與、積極行動，全人圖像

核心素養係能促進個人在多元的情境或社會中更有效率的參與，並且具備增進個人成功的生活及健全社會發展的能力。除了課本知識的學習之外，應培養學生具備對國際、全球等議題的思考與對話素養，也應鼓勵學生主動參與各種公益活動或社會公共事務，發揮創客（Maker）教育精神，將所學知能透過創意與創造力展現生活實境問題解決的能力，同時建立學生知識應用的信心與勇氣，激勵「知用合一、知即是行」的生活實踐力，實踐「尊重多元、同理關懷、公平正義、永續發展」等全人發展的核心價值。

怎麼教？

二 | 英語課堂中的新啟動

　　核心素養教育教學觀的本質就是整合學習，希冀擺脫傳統教育注重單項內容的傳授、忽視多種內容的聯繫、忽視知識掌握與技能訓練的聯繫的特點而隨著時代脈絡轉化下因應生成。新課綱精神強調奠基於相互聯繫與整體性原則，把學生視為身體、心靈、情感和精神完整發展的整體人，透過多種形式的共同體，發展出在學科之間、學習者之間建立關聯的教學方式。

　　在傳統的英語教學中，我們把英語知識拆解成語音、詞彙、語法、句型，並把英語技能分割為聽、說、讀、寫四個部分進行單項訓練，但將單獨形式的學習角度切入語言學習，對英語文學習來說可能會呈現斷裂的知識，零碎而缺乏整全。故在十二年國教英語核心素養課程的新啟程上，視語言為一個不可分割的整體，英語教學應從整體入手，進行語言聽說讀寫四項技能的奠基，兼融語言知識學習和語言技能訓練。將語言知識學習和語言技能訓練與學科核心素養呼應之外，在整合知、情、意行與文化涵養、國際視野擴展的公民素養有機地匯融在一起。發展學生英語學科核心素養，就要改變傳統英語教學中斷裂式教學的方式，在課堂中就用新行動幻化出英語核心素養元素，教師營造英語學習情境，與學生的現實生活、體驗結合起來，讓學生能夠在真實的情境中進行有意義的人際交流，變與不變中，師生間、師師間、生生間，共感共行，調和與參化，啟動英語學習新境地。

三 | 教科書的重新定位

　　現行英語課堂所使用之教科書並非一體適用，對於不同需要的需求滿足度仍顯匱乏，最多只能符合一般學生的需求（Armstrong & Bary, 1986）。

　　然而，教科書深深影響學生學習，但卻未必能完全符合學生個別差異之需求，此為教科書選用過程中亟需被關注的議題（周淑卿，2008）。十二年國教面對學生的差異化與個別需求，應跳脫採用統一或官方版本的教科書作為教學依據，單一課程無法兼顧不同學校的學生殊異和同一學校內學生的差異。統一甚或單一的教科書無形中成為阻礙課程改革與進步的絆腳石，教師自編教材可以分為不同程度的教材以適應不同學生的起點行為與需求，更能符應學科素養與通用的核心素養的匯聚與交融上，傳達更精緻、精細、彈性又多元的教學風貌。

　　教科書不只是一本濃縮介紹某個科目重要知識概念的書，可以包含學習所需要的各種用書；教科書並非只是用以閱讀的文本，而是師生互動的中介；教科書可以是不同類型的學習材料，而不只是一本裝訂完整的書（周淑卿，2008）。在十二年國教的課堂中，教科書的形式應大刀闊斧、突破傳統的框架模板或頁數限制，知識傳輸取向的模式轉變為探究式或問題解決模式，電子化教材是一個新的方向，善用資訊科技的便利與嶄新性，尤其是在與世界互為共學圈的英語課堂上，教材呈現應朝向多元、開放、國際連結的方向上取材，藉由資料搜尋、資訊篩選分類統整與歸納，師生多方互動的開放媒介，透過非同步學習、知識累積與提煉，進行深度、寬度與廣度兼具的問題探究與生活情境應用，展現書與人、師與生、本土與國際對話的英語課堂。

四｜教師專業素養的重新建構

　　教師作為轉化型知識分子（Giroux, 1988），指出教師的角色應有轉化社會結構的力量，師生間的對話緊密連結知識、權力與社會，呈現學生的主體性與能動性，不僅提供學生必要的知識與技能，在面對未來社會，批判且有意識的成為行動者。

　　首先身為教學者須正確的去理解與解構核新素養，教育是探究知識的行動，而非傳遞知識的行動。英語教師成為英語課堂的行動者，除組織整

合出有效的課堂教學，更成為學生學習的引導者、促進者。透過學習動機的激發，為學生提供鷹架，適時提供必要的輔導、支持和策略等來整合學生的學習和發展，幫助他們成為學習的主人，並且將所學知識融入生活，在課堂中蘊含出有價值、有涵養、能思考、有貢獻的未來世紀公民。最後，也是英語教師最重要的一個角色，就是成為學生的良師益友，為學生人生道路的引路人。英語教師要肩負起立德樹人、教書育人的職責，在日常教學中引導教育學生成為具有積極向上的人生觀、價值觀和世界觀的人。在教授學生語言的同時引導他們學會學習、主動思考、形塑自己的觀點和價值，培養他們包容開放的文化態度和全球文化意識，為他們未來的人生發展打下堅實的基礎。

英語語教師也應努力提升自身素質和能力，學習為教學的養分、更新自己的知識結構，開拓自己的視野，豐厚自己英語教學的底蘊，在分析、比較、評價不同文化中培養文化意識，廣泛學習和吸取跨域學科知識，讓教師成為轉型知識分子，呈現給學生不一樣的核心素養的課堂風貌。

怎麼做？

五 | 核心素養在新時代中的新定位

在團隊教師規劃的跨域課程中，讓能力轉化為素養，讓未見成為可見不是一件簡單的事，讓學生模仿教師的的單一操作、單一行為的描述性表現，引發學生的高層次行為，在執行過程中，真正的核心素養定義，我們真的很難界定，也很難定錨。

素養是以學生為主體的角度去思考的，在教學場域，無法設計出擬真的複雜情境去考驗學生，但我們可以試著將學習脈絡轉化，提升教科書的層次，從學習者的需求及問題出發，為學生量身打造專屬課程，創造出各種表現形式的可能性。科學的表現不一定是做實驗，理解的表現不一定是

紙筆評量，實作的表現也並非只能簡報發表。

二十一世紀是全球化的時代，全球化在人類社會中產生了多元的衝擊，諸如環境議題、糧食議題、人權議題、政治與經濟文化等多元面向的議題，在全球關係緊密連結的時代，國際間的關聯是每位學生都要去重視與關懷的議題。從SDG的跨領域主題跨域課程，學生從難民議題出發，探索全球正義與人權議題，涵養國際素養及人文素養，以及落實對人的真正關懷，甚而採取真正的行動，採取真正的解決策略。

團教教師的課程設計宗旨是讓學生扎實地培養學生解決問題的能力，而不是「為跨而跨」的絢麗課程，學生展現學習表現不只是素養堆疊深化後的總結性評量成績，而是在課程旅途中，讓學生在學習過程中有自己，讓教師在教學過程中看見學生，彼此望見，才是素養的歸途。

（一）核心素養不是僵化，是動態的

核心素養始於生活情境，用於生活情境，永遠活於生活情境中。所以核心素養不是終點或產品，不是僵化固態，而是一個動態生成（becoming）的過程。核心素養在此世代的時空脈絡下，不會是單一的思維，而是橫跨各種脈絡、以不可預測的方式運作著。教育目的在培養學生成為有教養、有素質的人，但有素養的人不是僵化的、定型的，而是生成過程中的人，有著自己的想法，塑造自己的人生典範，而在學習的路途中保持彈性，在不同時代中活出自己的生命價值。

（二）核心素養不是淺層，是深度的

深度學習已成為當前課程、教學改革的主要趨勢之一，核心素養也要朝著深度的方向思考。如每校推動的閱讀教育，要強調深度的閱讀、解構式的閱讀和內在性的閱讀。深度的閱讀是指不僅閱讀表面的文字，更要閱讀字裡行間的意義，閱讀書頁外的文字，閱讀生活中的世界，從過程中去瞭解自我、解構權力、批判價值，進而轉化將閱讀材料和自己的生命故

事、經驗、歷史、自傳等關聯起來，產生更深層的內在意義。

（三）核心素養不是績效，是文本的

核心素養是一種文本，書本是一種文本、自我是一種文本、教室是一種文本……，任何外顯或內隱的知識都是一種文本。教師深為教學者，應納入學校環境、學生特性、時空脈絡等，將核心素養加以解讀、詮釋、慎思或批判，以尋求理解，閱讀多元而異質的文本，產出教育的真正價值。

（四）核心素養不是技術，是美學的

三面九項的課程定義很容易被技術化為標準，甚而是唯一的標準。但課程不是匠氣或標準化，最有意義的標準是藝術性的、且是美學的，課程意義表現於各種藝術形式，呈現最真最好的一面，如欣賞一曲Mozart協奏曲、品茗一壺好茶、賞析一幅梵谷的星夜……，在課程中品味、鑑賞、著墨、體驗其學習的藝術形式和素質，讓每個學習作品產生個人的意義，創新學習的境界。教師為藝術家，在引領孩子的過程中，以直覺、聯想與想像創造課堂中的驚奇，喚起學習者對世界的感覺與知覺能力，讓韻味不僅於課室中自然發生，更能在未來學習旅途中餘味繞樑、美美驚豔。

玖　核心素養於十二年國教課堂的未竟旅程

學科素養教學定錨的不僅是學科本身發展的需求所在，更是期冀於十二年國教課綱背景下，對學生核心素養培養的一種必然回答。學科素養導向教學理論的建立，依循著一條從學科知識本位到學生核心素養，從課程標準依循到教材研發整合與課堂生動對話實踐的泱泱之徑，企圖在課程設計中轉化提升，讓斷裂趨向整合，讓無感成為有感。

一〇八課綱的課程實踐不是絢爛的曇花一現，績效式學科學習體制唯

有朝向轉化提升，擺脫功利主義、工具主義與唯物主義的框架桎梏，跳脫出Bourdieu的場域與習性的觀點，才有望提供真實的英語學科素養導向課程實踐環境。無論是大而化之的核心素養，還是形為下的具體實踐，英語學科的理論建構與素養導向課程轉型設計呼應「自發、互動、共好」的圖像，教學理論框架所蘊含的主旨思想與實踐，共同築出教育轉型的新價值。

　　行銷用的課程口號與修辭從不會帶來真實的學習改變，成就一場有素養觀的學習課程之旅，非三言兩語能形容，教育或學習不應只框在教室內不斷的複製貼上，也不是一場競速的競賽，每個人都有自己的速度與風格，素養導向式課程無非期望孩子們跳脫ABC的選擇題，擺脫文法的制約，走在學習的廣闊路徑，擁有更寬廣的視野，知道自己的優勢，提高自己的競合力，讓學生在探究和思辨中找體會學習的價值性，讓課堂中與十二年國教核心素養的創發火花，點燃出真正有層次、有內涵、有素養的課程之境。

核心素養在未來的課程中是明亮北極星，

不同的學校，有著獨特的學生與老師，發展出不同的課程脈絡，

無法複製，也無從拷貝，

但可以從這些我努力過的軌跡點滴中，

經驗與實務的矛盾中，

反思教育的真實課題。

不做追求課程形式上的完美與競逐，

而是真誠的呈現我與夥伴教師在學習課程發展經驗、策略實踐與困難瓶頸，

當這些課程仍繼續生成的過程，

我希望呈現真實與扎扎實實的教育面貌，

面對學生，面對自己，面對課程，

面對現在與未來世界的變革與挑戰，

並不否定過往的經驗，但也不以不變應萬變，

唯一不變的是，要一起做有意義的改變，為學生，也為自己。

教學的樂趣在於發現學生，發現自己，發現彼此，

在這場與核心素養課堂發展與實踐的相遇對話與未來望見中，

看見更美好的自己。

教育可以不一樣
——從無到有的校園觀議備課文化

烏眉國中　　吳憶菁

　　一〇四學年度烏眉國中在課發會中通過了全校教師全面參與觀議備課。這股由下而上的力量，讓老師們無異議的進行每位教師每學期需完成一次公開授課，校長與全體教師共同進行。這不是單純的一項表決，而是兩年來學校老師的「自覺與發現」，而這樣的轉變起源於一場兩岸語文教學的課程交流。

壹　從沒有的開始

　　沒有並不代表不可以，只是在我們視野裡還沒有出現過

　　教學觀摩對於臺灣的教學現場而言，是一個非常熟悉的名詞，從師資培育的養成階段、各分科教材教法，乃至於教學實習等課程，一定都有所規劃。不同的教育階段別、不同領域的老師也或多或少曾經有過教學觀摩或觀察其他教師進行教學觀摩的機會。尤其在目前教育部積極推動教師專業社群及學習社群的概念下，教學觀摩的分享觀念成立於教學現場中。

　　無論是從認知理論的「知的歷程」的理論觀點，或從教育學的「知識功能」實際觀點來看，閱讀不僅是學生所需的學習能力，也是從事其他學習和吸收知識不可或缺的的媒介（張春興，1999）。其最終的目的在於理解與運用，透過文本從中獲得訊息，在閱讀教學過程中透過運用策略讓自己更深入文本，或擷取文本中重要的訊息，學生若在閱讀的歷程中學習閱讀策略，將有助於閱讀素養的提升。

　　讓學生學習得更有成效，是課堂當中所希望達成的目標，不論從老師的「教」或學生的「學」兩者應該是完美的協奏曲。PISA 2009年國際閱讀素養研究成果更指出，影響學生閱讀素養的重要關鍵因素是「教師」，尤其是教師課堂教學的營造以及閱讀教學策略的引導，是提升學生閱讀素養重要的要素（OECD，2010）。教師專業發展的一項基本假設是：教師職業是一種專業性工作，教師是持續發展的個體，透過持續性專業學習與探究的歷程，進而不斷提升其專業表現與水準（饒見維，2003）。從教師專業發展的角度而言，每位教師應該都可以進行教學觀摩，但從教學現場經驗值而言，進行教學活動的，通常是輪流或教學有特點的教師或年資較淺的教師，當「專業」成為教師未來發展的必然方向時，究竟誰需要來進行教學觀摩？教學觀摩的內容是什麼？如何決定教學者？教學者需要什麼樣的支援？需要專業對話嗎？假如需要專業對話，對話的內容又是如何？這是研究者所關心的議題。每一位專業的教師都是經過一次次的教學省思與討論，透過省思中發現教學中的我，專業成長就在軌跡中不斷的醞釀與發酵。當教師能走過一場分享的教學觀摩歷程，相信對教師生涯一定有深刻且難忘的成長歷程。

　　烏眉國中是苗栗縣偏遠的小型學校，從學校的發展而言，很榮幸的能獲得科技部研究計畫的青睞，將閱讀教學兩岸交流研討會於本校辦理，除了是一份專業的榮幸外，更有著無比的壓力，但是，也讓我們學校開始動了起來，在這之前，我們從未有屬於教學分享的想像與藍圖，從屬於教師們的專業對話從這裡開始開始……透過課堂實際的閱讀教學歷程，期待能

在同課異構的教學互動歷程中，透過省思提升閱讀教學的能量。

貳　因為空白所以揮灑

　　空白是一種美學，架構是一種智慧，在空白中架構我們想要的藍圖

　　教學是一種「人際專業」（Interpersonal Profession），教師在面對眾多學生的不同想法、不同的學習基準，以及隨時變化的師生與同儕關係之中，還要能夠冷靜而有效率的進行教學、決定教學步調與方法，是一大挑戰（Schon, 1987）。

　　教學看似單純，實際上卻相當複雜。教學者需要判斷學習者特質和教材內容的關係，才能規劃適當的教學進度與方式。然而，學習者並非一成不變，因此教學者也要能夠在教學時，依據實際需要調整上課步調。也就是說，一次好的教學，需要細膩的規劃與嫻熟的技巧方能竟其功，兩者缺一不可，否則不是毫無章法，就是眼高手低、狀況百出。正由於教學的複雜本質，使得教師在教學過程所做的判斷顯得格外重要。

　　Robb（2000）指出，傳統教師專業發展模式的缺失其中一項為：行政人員極少參與（Minimal administrator participation），校長由於行政工作繁忙，在培訓時僅露個臉或甚至不出席時，會讓教師感到校長並不重視這些培訓。同時，校長也會喪失學習、討論、思考，以及繼續面對和修改其學習理論的機會。當校長將終身學習和吸收研究新知當作重要的事並身體力行時，教師會受到啟發而更願意去學習與探險。

　　此外，Sparks（1994）提出三個轉變美國教師專業發展的重要觀念，首先，在判斷成功或失敗時，不是看學生的分數的高低，而是看學生在學校受教育後實際獲得多少知識和技能。專業發展的成功與否，不是取決於教師和行政人員參與培訓的人數多寡，或對於培訓重要性的評價高低，而是在於專業發展是否能改變教學的行為，並進而使學生獲益。

　　其次，系統思考的人能夠看到一個系統中各個部分如何相互影響以支持或阻礙改革的努力。因此，教育的領導者必須進行系統的思考。最後，學習者建立知識結構而非僅從教師處接收知識。教師要學習建構取向的教學，也應透過建構取向的專業發展，而非在培訓時從專家處獲得知識。教師和行政人員和同儕、研究人員以及學生相互合作，以瞭解其所處教學情境中教學和學習的過程。

　　這一波課堂的教學改革倡導「以學生為主體」學習，並從提升教師素質著手，學校似乎也該發展出一個「以老師為主體」的教師專業成長模式。因此，這一次研究者與「國文科領域教師」一同參與，加上「行政人員的協同」，以有效教學為目標，共同學習為歷程，分組教學為策略，進行「系統性的教學實驗流程」。

　　這些所有布局有「校長的親力親為」，「行政團隊的協同」、「放手讓老師們揮灑的空間」，所有的推動由「對話」產生「信任」，因信任而「沒有心防」，整張原本「空白的學校教學文化漸漸的描出屬於我們的特色」。

參　層層疊疊的語文揮灑

　　教師們自主的堆疊。語文教育更顯美感

　　兩岸閱讀教學對學校夥伴而言是全新的教學經驗，教師透過哪些方式設計課程目標及流程，在教學設計過程中運用的閱讀教學策略的思維歷程，是關心的議題，因此我們透過行政與教學的共同參與，將專業學習社群落到教學實踐裡。以共同學習的方式進行時，就以三部曲的「課堂教學研究」畫出屬於烏眉國中課程的故事。

　　閱讀教育從二十世紀初葉時著重解碼、理解的語文能力，到七〇年代則逐漸深究閱讀者心理認知的層面。目前，閱讀教育係以「教」與「學」為核心，並運用閱讀策略引導學生精熟內容——領域及語文文本意義的結

構，從文本學習新詞彙、推論、連結及摘要重點，學生不只是能理解所讀，也能思考文本意義並回答問題。藉由語文的力量，檢索資訊、探索事件的經驗，獲取知識的關鍵，學生能獲得學習及生活的關鍵能力。

因此，當文本中的意涵分析是教師設計課程的第一步，經由國文領域研究會議討論，互相激盪彼此的看法與概念分析，建構出屬於這堂課的思考地圖，提供教學者建議，在教學者內化後完成教學課程雛形，進行三次的公開觀課及議課過程，最後在教學觀摩會後進行一次的檢討與省思，完成第一循環課程的實驗。茲將歷程分析如下：

第一部曲 | 共同備課

教材文本分析是教學研究中的第一個步驟，教學者劉老師因學習背景的關係，首先將文本確定為「大樹之歌」，這是一篇屬於自然生態寫作的文章。所謂文本分析是從文章表層，剖析其蘊含的深層涵義。一般可從文章結構進行分析，也可從文義理解、文章寫作手法進行剖析。教師在授課前完成文本分析，便能確實掌握教學核心概念。此次文本分析，教學者以寫作手法進行課程梳理，國文領域教師進行共同討論，再延伸閱讀部分，採用pisa閱讀歷程「擷取訊息──統整解釋──省思評鑑」作為分析層次。

教學策略上以分組教學為主軸，以學生為學習中心進行提問設計，教師主要身分是在引導，而非知識灌輸。教學能夠發揮效用的關鍵，不在教師講述多少內容，而在學生學會多少帶得走的能力。在整個教學的實施過程中，教師只是擔任引導者的角色，任務是透過不斷提問、討論的方式，讓學生將學習到的知識，內化成自己的能力。

第二部曲 | 校內公開授課、觀課

第一次的公開觀課是教學者壓力的開始，教學的改變在教學現場中，如何將課程設計的內容引發學生的學習動機是第一次公開授課的挑戰。但如何與教學者進行觀課後的對話，更是領域中的夥伴另一項專業且人文的

成長。如果說公開授課需要勇氣，那觀課後的教學分享更需要智慧，如何
建立溫暖、理解且專業對談的氛圍，是觀課討論引導者的重要技巧，也是
將來是否能將對話延續的重要的第一步。將教師的專業對話化為豐富且有
趣的，可以充滿溫暖並且很有深度。經過討論，彼此可以重新甦醒遲鈍已
久的教學神經，敏感的去覺察出，過去我們原本以為平淡無奇、日復一日
的教學工作，原來充滿了多元、複雜、新奇且充滿契機與挑戰性的元素。
夥伴們的建議，對每一位專業成長的教師來說，都是難能可貴的經驗——
因為建議，所以成長。觀課討論引導者必須不斷提醒每一位教師都是獨特
的，在夥伴的建議中慢慢的發現自己視線的模糊，進而澄清並自我傾聽，
不斷去思索屬於自己的教學風格。

　　經過三次正式的觀課及議課，將對話內容落在教學實踐裡，對學生有
幫助，成為真正教學中的一部分。教師專業的血肉，就會在教學現場長出
來，教學就是在實踐中不斷的成長。

第三部曲 ｜ 兩岸公開授課及觀課後的省思

　　對話最好的開始在教學之後，在正式教學觀摩之後，我們開始思維，
原來的教學方式有沒有真正引導學生學習，不同的教學方法及策略，什麼
對學生才是對有效的？初次嘗試教學觀摩的團隊，透過一連串的分享，討
論透過什麼樣的方式幫助學生有效學習，討論之後打開教室門，去試試看
這方式有沒有幫助學生學習？彼此觀課，然後議課：你觀察到孩子如何學
習？哪些迷思概念？我們可以如何搭鷹架？這就是一個專業發展的方式，
會使老師的研習很貼近現場。他們在這裡面，不斷會有新想法。

肆　千帆過境觀課更顯自在

真正的分享支撐真正的學習

　　教學是一門藝術，從這次兩岸教學觀摩中再次深刻體悟，兩位教學者雖然是同一篇文本，看似對文本的理解是「同」中有「異」，但是在教學的呈現上卻是「異」大於「同」。劉老師從具象出發，歸結到自然知性語言和文學感性語言，而後以延伸閱讀引領學生關心環境，是一棵形象多元的生態之樹。飛耀校長從推理想像展開教學，透過詞語的品味思考我們與樹的關係以及作者的情懷，最後以感性的創作引發學生對未來的環境意識，是一棵情感豐厚的知性之樹。從課堂的氛圍形塑分析，飛耀校長的學生活動著重在於人文的薰陶和感染，劉老師的活動，重在合作學習和任務訓練，課型不同，各有特色，能從一篇相同的文本，延伸到不同的課型與教學風貌是這場教學觀摩中最大的收穫。

　　教學不是一種革命，不需要驚濤駭浪，因為教學在生活裡。教學需要安靜觀察，觀察學生的需求、觀察教師需成長的空間；教學需要思考，思考在教育現場中的改變與未來；接下來是團隊的合作與分享，相信在教學中必會有所領悟。當教師文化可以進行到「真正的分享」，學生的學習才可以達到「真正的學習」。

　　當世界各國的教育都在轉型為「以學生為中心」，看重學生「如何學」，多於老師「教什麼」。如何讓學生、教師、家長，成為互動交流的「學習共同體」，而不是單向的「你教我聽」，需要學校、教師改變教學的思維，轉化為培養學生的「獨立思考能力」，讓學生擁有閱讀學習的方法和策略，學會主動求知、學會閱讀中的美感與喜悅，創造屬於自己未來的進行式。

伍 再回首 從無到有的觀議備課文化

相信改變的力量、看見改變的力量，因為有你

我們是一所偏遠的小型學校，普通班總共七班，每個老師都身兼數職，所以十八般武藝樣樣都會，人數雖少但老師們對於教育的投入是有目共睹的，這一場的兩岸課程交流讓我們開始跨領域對話，共同觀議備課到公開授課，每次的討論，都讓團隊們苦思偶有困頓，但我們從彼此的討論中發現曙光，發現不一樣的自己，展現各種的教學的可能與不可能……瞭解孩子學習需要的是什麼？在學校團隊凝聚的共識下，透過課程的改變，我們希望能讓學生「喜歡」學習。透過學習的過程，將知識走向生活，落實培養學生「帶得走」的能力；十二年新課綱即將實施，我們已經比別人早了幾年做課程改變，但唯一不變的是，希望孩子透過基本學習能力的扎根，「成就每一個孩子──適性揚才、終身學習」，提升學生學習的渴望與創新的勇氣。

回首這幾年的課程轉變，教師們的共同參與及家長們的信任是最大的助益，處於偏鄉的學校，高隔代教養及社經地位偏低的比率偏高，家長多忙於工作，常常會忽略孩子的學習，這時候學校所扮演的角色是非常的重要，學校是教育孩子的第一線，讓孩子透過學習打開世界，具備素養能力是身為偏鄉教師責無旁貸的任務，偏鄉孩子並非跟別人有差距，而是缺乏學習刺激與引導，新課綱實施是個重要的契機，讓學生的學習更有創意，也能提升學生的主動學習動機，偏鄉教師的耕耘，絕對會讓偏鄉孩子有立足世界的實力與展能，我會以身為偏鄉教師為榮，未來還有更多的責任與夢想等著我們去實現。

我們相信，教育因為有你有我，偏鄉教育可以不一樣的故事，還會持續進行著………

課綱在你我之間

后庄國小　　蔡鳳娥

壹　協力同行‧成就每個孩子

聽‧見花開

　　人間四月天，藍花楹開滿校園。自然老師說：這是大自然的指示劑！藝文老師說：我們的美勞材料包長在樹上！語文老師見到落英繽紛，不禁文思泉湧！就連數學老師也在樹上看到布題的情境呢！

　　立春時節，校園中的藍花楹結實纍纍，雖不似花開時的繽紛，滿滿的果實卻帶給人無窮的希望，經過孩子的巧思和巧手，落果成了美麗的裝飾、孩子的戰利品。

‧藍花楹種子彩繪：四季

玩・美校園

甲同學：「好煩惱喔，暑假時學校要帶我們去進行校際交流，我都想不到要送學伴什麼禮物！」

乙同學：「最近我們班在課堂上進行藍花楹主題創作，我用種子加輕黏土做了一對小烏龜，取名為『兩小無猜』，想送給學伴，既能展現學校特色，又能代表我的心意」。

甲同學：「好羨慕喔！……啊！我想到了，我們班藝術課老師有帶我們做輕黏土創作，我可以做一個藍花楹胸針送給學伴，他一定會喜歡！」

同學們：「那我也要送藍花楹胸針……」；「我想送種子鑰匙圈……」；「我想送我自己彩繪的畫……」；「我想送……」

丙同學：「我想送自己給學伴……」。

丁學們：「什麼！！！」

丙同學：「我是說，我想將自己的表演給送同伴看。」

丁學們：「喔！說清楚嘛，害我為你學伴擔心了一下！」

丙同學：「什麼嘛！這是最珍貴的禮物耶！」

甲同學：「喔！對啦，上學期期末學校的才藝年華，你們『噗嚨共三人組』表演超爆笑的，我到現在還印象深刻呢！」

• 藍花楹種子創作：兩小無猜

• 藍花楹畢業胸花創作

　　丙同學：「我也覺得很開心，和同學一起討論表演內容，一起上臺表演，讓我覺得很有成就感；如果可以常常有這樣機會，我一定會覺得上學是一件很快樂的事。」

花·彩·演·藝·聽

　　孩子，你們的願望老師聽到了。新學年上學期校訂課程「花彩演藝聽」，目的是在幫孩子創建發表的舞臺，讓我們孩子的學習，變得不一樣！

　　「聽」的精神著重在「欣賞」，低年級「我的班級主題曲」，以「唱跳」、「聆聽欣賞」和「創作」為主軸，一年級開始學習改編歌詞，創作孩子自己的起床歌、刷牙歌、洗手歌，融入生活教育，養成良好的生活習慣，二年級再擴增新的題材、搭配唱跳動作、隊形變化進行唱跳表演，培養孩子*規劃執行與創新應變、符號運用與溝通表達*，發展孩子的*藝術涵養與美學素養*。

　　「藝」的精神著重在「創藝」，創造肢體美感、創造視覺藝術。從三年級的「齊唱與集團行動」融入了國語、客語、閩語童謠歌曲，到四年級結合臺灣與世界各地傳統或特色舞蹈，展演與排演過程，考驗的是肢體的協調與動作的美感，更考驗團隊合作的班級默契，培養學生*身心素質與自我增進、人際關係與團隊合作、多元文化與國際理解*。

　　「演」，給孩子舞臺，重視多元智能的發展的「經典文學劇」，五年級以中國古典文學為主，由老師開系列書單供學生選擇，期望學生透過古典文學的研讀與賞析，進行小組討論、劇本創作，自編、自導、自演，發展孩子的多元智能；到六年級，創作和表達的精神依然在，將中國古典文學改成西洋文學，成果於全校期末成果發表會公開展演，統整了語文、藝術、健體、社會等學習領域，提升*規劃執行與創新應變、符號運用與溝通表達、藝術涵養與美感素養、人際關係與團隊合作、多元文化與國際理解*，多面向的核心素養。

美・校訂主題

　　這學期本校已開始試行「捕光捉楹・玩美后庄」校訂主題課程，低年級從欣賞校園的美感環境入門，在綠地與光影中遊戲，進行環境探索，找尋自己的祕密基地，***啟發孩子的生命潛能***。中高年級結合校本特色植物：藍花楹、臘腸樹……，讓孩子在藝術、自然、語文創作與欣賞中，***陶養生活知能***。最後收藏六年生活的點點滴滴、擴展服務與學習的觸角，***以涵育公民責任***，並進行個人專屬的校園專題報，期待孩子透過人與自己、人與環境、人與社會的互動，經由此階段的努力，為下一階段的生涯發展做準備，***促進生涯發展***。

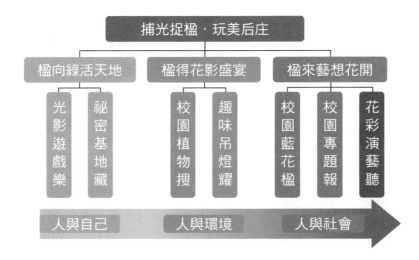

貳　共識・出發

行・共識出發

　　一〇六學年度，校長在會議時和主任老師們討論是否加入前導學校，大家取得共識：新課綱勢在必行，不如趁早開始準備，早點出發、慢慢走、不求快但求穩，最重要的是讓每個老師都能跟上新課綱的步伐！於是學校加入了前導試行計畫，組織了校內核心團隊，展開了我們十二年國教課程發展元年，建構了學校課程的基本架構。有了前一年前導的經驗，加上校內有三位種子講師、二位教學輔導教師、多位領域輔導員及核心團隊的能量，因此，第二年我們投入了前導中堅學校的行列，除了能有較充分的時間和經費，厚實新課程的推動外，還有餘力可以協助其他學校，給予經驗的交流和課綱精神的推廣，以*自發*的動力，發揮*互動共好*之精神。

塑・親師生願景

教師－教師是學校課程發展的第一線人員，教師願景也是學校凝聚親師生共同願景的第一站，我們的十二年國教宣講不只是宣講，而是讓老師們知道自己的重要性。老師們想塑造的學生圖像，影響著學校未來的發展及課程的走向。經由分組討論、發表分享，彙整出教師們期待能培養學生更精進的重點為：「容忍力：包容、善解、挫折容忍度高、尊重他人」、「免疫力：身體健康」、「問題解決力：系統思考、獨力思考、解決問題」、「表達力：生活表達力」、「溝通力：人際與團隊合作」……，和三面九項核心素養有許多吻合之處。

家長－家長是教育的合夥人，是學校辦學的夥伴，在本校新課程的規劃階段，校長透過給家長的一封信與家長互動，協助家長瞭解十二年國教新課綱精神，也讓學校瞭解家長對孩子的期望及對學校的期待。讓家長知道目前學校正積極投入新課綱的課程與教學研究，規劃校

本課程。期望除了學校團隊的積極投入外，也期待各位家長們以及孩子們都能參與這新教育的重要里程，聚合親師生的共同想望，發展出真正蘊涵在地人文、屬於社區、家長、孩子、老師們共有的學校願景，以及符合世界脈動的兒童學習圖像。最後，請家長寫下希望孩子在接受學校全方位教育之後，必須學會哪些事或具備哪些能力？讓家長知道他們的想法將會是本校未來發展學校課程的重要參考。經由家長回饋意見，核心團隊彙整出家長們期待學校能培學生更精進的能力為：在地文化、國際視野、學習力、表達力、品德教育、生活教育、人際關係、團隊合作、運算思維、資訊力、體驗探索力、邏輯力、藝術涵養、尊重自己、關懷他人……

學生－如果以為學生對學校的期待是下課時間長一些、作業少一點，那真的是小看我們的孩子了。透過教師帶領的各班學生討論，孩子們的回饋琳瑯滿目，經課程核心團隊統整分類、主要分為幾個向度：

1.環境設備：包含打造或擴建的活動空間如下：3D未來教室、生態池、遊樂設施、蝴蝶園、球場、實驗教室…

2.品德、人際溝通（對自己及對同學的期許）：禮貌、負責、合作、獨立、尊重、誠實、助人、信用、環保、孝順、包容、性別平等、同理心、免被排擠、交朋友、說話的藝術、平等對待……

3.課程與學習（學生希望增加學習時間或增設的課程）：體育課、資訊課、科學實驗、游泳、英語、數學、作文、魔術、韓語、日語、手作、閱讀、程式設計、機器人、球類、舞蹈……

SWOTS‧連結學校課程與親師生願景

整合了教師的專業、家長的期待、學生的願想後，我們檢視了學校現有的課程，分析目前學校地理環境、硬體環境、教師資源、家長配合、社區參與及地方資源等因素，進行**SWOTS分析**，並檢視學校現況與親師生願

景之間的落差。這些資料的收集是學校課程發展的重要依據，收集到的寶貴意見，就是學生在告訴學校，他們想要的學習環境與課程內涵，也讓學校知道目前的不足，為校本課程的發展提供了一個努力的方向。

課程方面，除了透過領域課程素養導向教學，並規劃於校訂主題課程，讓我們的課內容更符合親師生的期待外，在學生的選修社團課程，持續開設師生最愛的管樂、棒球、科學實驗、機器人等社團；而魔術、日語、韓語……，這些未能滿足的願望的提議，可作為未來聘任師資、開設社團課程的參考，或融入領域、校訂課程中實施。

環境設備部分，先考量學校未來發展的可行性，再配合教育相關計畫申請，期待能提供孩子學習所需的優質環境。

起‧協力同行

課程的發展並非一蹴可及，也非校長一人能完成。后庄提早出發，老師們也知道新課綱勢在必行，現在沒有人會問：新課綱會執行嗎？會不會明年明年就喊卡了？會不會做到一半就停了？現在每個人所討論所問的是如何執行！課程運作時遇到的難題如何解決！有哪些資源是可以互助與共享的！

參　教師‧專業‧學習‧社群

願‧讓天賦自由

「每人個人都身懷天賦，但如果用會不會爬樹的能力來評判一隻魚，它終其一生會覺得自己愚蠢」──愛因斯坦。

吳季剛的時裝、李安的電影、吳寶春的麵包，讓世界看見臺灣；看

見，臺灣之光，可以以不同的方式呈現。新課綱以成就每個孩子為願景，「天賦」，是上天賜與最珍貴的寶藏，而成就，源自於「讓天賦自由」。學校是幫助孩子成功的地方；「我們不一樣」，就是這一代、下一代，年輕人，成就自己的方式；而教師、學校、教育，存在的目的，就是幫助孩子、成就孩子，成就一個又一個「臺灣之光」。

愛·為孩子向前行

想要*NO child left behind*，必須先做到*NO teacher left behind*，當一群人都向前走的時候，留在原地反而會面臨最大的阻力，我們要做的是凝聚了前進的動力，先確保沒有一個老師落後於教育的腳步，先成就每一位教師，讓教師成就每一個孩子。

這二年學校在校長主任帶著做、學校老師跟著做、社群團隊合力做的氛圍下，學校的課程發展已露出曙光，雖然課程未臻完善，但親師生有了共同的願景，努力的方向，在這裡，我們看到孩子未來的希望！

契·醞釀的養分

師資專業提升是教學成功的關鍵，一〇三學年度起（迄今未中斷），我們邀請學校擔任自然領域授課教師，共同加入「自然科實驗教學共備社群」。社群成立，最初的契機，是同學年授課教師希望透過合作，一起準備實驗材料，減輕自然教師的實驗課前的負擔；後來，老師在課堂上面臨實驗的結果，和指引上寫得不一樣，不知如何和學生解釋的問題，求助於有經驗的教師，展開了最初的專業對話；但對自然領域教學而言，實作勝於空口白話，實驗的問題，還是要靠實驗來解決，一起做實驗，一起討論，就這樣，開啟了我們「自然科實驗教學共備社群」的運作模式，解決老師課前準備器材嫌麻煩，不想做實驗；怕實驗結果和預設的不一樣，不敢做實驗的問題。擔任輔導員的老師，會和老師們分享更多可以融入課堂的有

趣實驗,請專家來學校指導老師們探究的方法;同儕的老師們,也會彼此分享參加研習學到的實驗內容與方法。

轉·走過科學實驗共備社群五年,從科學沙漠到遍地開花

傳統教育中,學習和玩這兩個端點之間的距離相當遙遠。然而,愈來愈多對大腦以及行為研究的科學,與其因應的教育趨勢,已逐漸打破了這樣的框架。

走進后庄國小的校園,會看見一道特別的風景,一群老師聚在一起好像玩遊戲,臉上出現孩子似的笑容,后庄自然實驗教學共備社群,讓參與的老師樂在其中,透過親身體驗科學實驗的樂趣,融入教學中造福孩子,這些改變,讓原是科學沙漠的后庄,起了化學變化,而孩子的反應,就是最直接的回饋。

汽水開瓶後,瞬間變冰沙;在教室中調配出個人專屬的多色漸層飲;利用膠水、硼砂加鐵粉,做出磁力黏土……;這些像魔術、像遊戲,好吃又好玩的科學實驗,是孩子們科展的主題,但卻不是專屬參加科展孩子們的,孩子們透過學校科學日的活動,和同學們分享研究成果;教師透過共備社群,讓科學的種子,撒到校園的每個角落,種到孩子的心田中!

我們有專業的自然領域輔導員、有本科系畢業的自然專任教師,但也有非本科系畢業的教師、第一年教自然的初任教師,透過經驗分享、實作、共同備課、觀課、議課,以及專業對話,看到老師們有了教學夥伴的協助和分享教學成效之後,不但新任或代理代課教師的教學專業提升了,資深的老師們也重新燃起了教學的熱情。而讓熱情持續不間斷的能量補給,是孩子的回饋與笑容。

讚·老師·給你一個讚!

老師,給你一個讚!

當孩子比出大拇指對我這樣說的時候，心中有無限的感動！

原來被比讚，是多麼過癮的一件事！

孩子比讚的原因在於：YA！我成功了！老師，謝謝您；太好玩了，老師，我喜歡這堂課！

學生的成功，就是老師的成功；學生的喜悅，就是老師的喜悅。透過社群共備的實驗教學，讓老師在課堂上得到學生的正向回饋，創造師生雙贏！

展‧一師一社群

其實不只學生學習要動機，老師學習更需要。給老師一個情境、一個動機、一個學習的理由，觸動老師想學的心，社群推動的困難點在哪裡？沒時間！沒有共同空堂！找不到領頭羊、沒有經費聘任講師……，學校從一〇七學年度開始，推動一師社群，每學期固定安排三次週三下午社群時間，鼓勵老師自組社群，自己決定專業進修的方向，由社群自己聘任研習講師，更鼓勵校內有專長的老師擔任內聘講師。

至於經費部分，除了有四個社群申請縣內精進計畫，而且有精進的經費之外，其他校內社群則利用專案計畫給予經費的補助，例如前導學校計畫、藝文深耕計畫、客語生活學校……，一起解決學校自組教師社群、沒有共同空堂與沒有經費的問題！

接下來就是一個開始的契機了，學年會議、領域會議，是每個學期學校必開的會，但除了討論例行性的任務，能不能有更多的專業對話？一〇七學年度學期初，我們就請老師利用這兩個會議討論教師組社群的可行性，並請他們推薦或自願擔任社群領導人，也許是因為校內本來就有部分老師曾參加過精進社群及教師專業發展評鑑的關係，結果卻是意外的順利，很快的就募集到十位社群召集人。

利用第一次的社群時間，我們展開了一次社群介紹，請召集人用簡短

的一到三分鐘時間，介紹社群的走向與願景，而老師們就像參加社團博覽會一樣，仔細聆聽，尋找適合自己的社群加入，很快的，一師一社群，就在后庄展開了。

合‧學習型組織，在后庄

玩出來的社群：傳統教育中，學習和玩這兩個端點之間的距離相當遙遠。然而，愈來愈多對大腦以及行為研究的科學，與其因應的教育趨勢，已逐漸打破了這樣的框架。

讓教師研習，回歸專業與自主；讓學生課程，回歸專長與興趣。由於社群的發展，讓大家有了一起前行的夥伴、相互扶持的動力，就這樣，種子萌芽了，社群也遍地開滿花。

以下是目前后庄運作中的教師團隊，簡單說明如下：

Fun English

以活化及創新英語教學為發展重點的Fun English社群，成員除本校五位英語教師之外，也有臨近學校的教師參與，是本校目前唯一的跨校社群，教師們除了分享各校的英語課程與評量之外，對學生學習的雙峰現象、補救教學策略，都有很大的著墨；此外，將桌遊放入英語教學，讓孩子在遊戲中學英語、說英語、愛上英語，也是社群研討分享的重點之一。藉由社群分享的力量，希望能透過不同教學模式的切入探討與英語專業對話，進而能夠運用在自己的英語教學上。教師如何提升學生在校的英語學習成效並保持學習動機、持續向上成長，成為教師課堂教學實務中重視的面向，本校以國際教育為校訂課程的主軸之一，Fun English社群教師也是國際教育校訂課程重要的推手。

創意手作社群

創意手作社群是本校最受歡迎的社群之一，結合了藝術領域、社會領域、鄉土課程、食農教育，每次聚會都可以產出令人心動的作品，上個學年度的畢業典禮，藝文教師幫校長、家長會長，以及六年級畢業班老師準備了以學校特色植物為主題的藍花楹胸針，吸引了長官來賓以及全校師生的目光。最近一次的共備，藝文老師就將手作藍花楹胸針分享給社群的老師，以及高年級教授藝術與人文課程的教師，提供老師在藝文課中指導孩子創作，讓今年的畢業生在典禮之中都能戴著自己手作的藍花楹胸針，取代外面千篇一律的塑膠花，為孩子創造另一個難忘的小學生活及畢業典禮回憶。

國語科共備社群

社群成員共同進行低年級國語領域備課，經由成員的異質性來激盪出火花，設計出活潑又能適切引導學生思考的課程。備課完後成員入班授課，收集學生反饋，將所有意見彙整，再次共同備課，修正並產出新的教學設計。

藝視形態

藝術與人文社群本於切磋教學的精神，以研究發展為信念、促進藝術與人文教學成效為鵠的，透過觀摩學習、鑑賞能力養成、同儕觀摩與討論、分享等方式，希望帶動教師之美感素養。並將研究內容導入實際教學，期望藉由教師的「專業對話」、分享與討論教學經驗，改進教學技巧，提升教師美感教育之專業知能與藝文素養，深化專業、提升教師進修成長之品質與效能；並增進學生藝術與人文領域學

習動機及學習成效。

損有餘補不足

老子言：「天之道，損有餘而補不足」，損有餘補不足社群，其實就是一個符應教師需求、協助教師精進的社群，有餘力的教師夥伴給予經驗上的傳承，經驗不足的後進能有學習和請益的對象，班級經營分享、親師溝通、教材教法……，都在他們的分享與對話中。

數學好好玩

數學對多數的孩子而言，是枯燥乏味的，甚至是戒慎恐懼的，為什麼不能讓數學變得好好玩？為什麼不能讓孩子好好玩數學？這學期申請了臺灣師範大學的數學計畫，就是帶著老師老師好好玩數學，用遊戲的方式培養數感，利用實體的教具，讓抽象概念具體化，即使是數學低成就的學生，也能享受學習數學的樂趣。當老師將好好玩數學模組帶進教室的時候，重見了數學課堂上孩子久違的笑容。這群關心孩子、愛數學的老師，透過實際的教具操作、合作與競爭的遊戲方式，讓孩子重新愛上學習數學。課堂上的輸贏不要緊，最要緊的是他們贏回了學習數學的樂趣與信心。

自然領域實驗教學共備社群

自然就是要做實驗，不只要課本上的實驗，更要有趣的、瘋狂的、火山爆發，瞬間結冰，有喝又有玩，在我們的學校，自然科學是很多孩子的最愛，因為我們有自然領域教學共備社群，老師們在社群中玩得很開心，也讓孩子玩得很開心。本校自然領域任課教師有一半以上是初任自然科任或代課教師，相關領域的教學經驗較不足，科學

教學知能亟待提升，希望能藉教師共同備課、觀課、議課，提升自然科教學品質。

花彩演藝（聽）

沒錯，我們就是在K歌，流行歌、老歌、國語歌、閩南語歌、客語歌、英語歌，希望將來也能有精通原住民語歌和新住民語歌老師加入，來個聯合國K歌。上學期的期末成果發表會，這群愛唱歌的教師，改編了「日頭花」用國語、閩南語、客語、日語，四聲道演唱，除了能作為客語生活學校的成果外，也結合了語文與藝術領域，展現出本校校訂課程「花彩演藝（聽）」創新與團隊合作之精神，為各年級的校訂課程起了一個典範的功能。

創・創客精神與教師社群、教學活動的趣味結合

在開放、交流、分享的氛圍下，相互交流手作的樂趣及創意。讓社群教師在愉快的氛圍中，激盪創意、省思教學。並將所學、所思帶回教學現場，讓創意真正被實現，引領孩子成為能創意思考、從做中學之創新人才。

跨・教師社群跨域共備，培育未來 π 型人才

透過手作社群與科學實驗社群教師的領域共備，孩子自然課的種植物單元，盆栽外型也加了美美的創意，自製的投石器與空氣砲，不只懂得原理的運用，也有豐富多采的造型，相信這群能運用科學、會創造美感的孩子，未來一定是個創藝高手，成為企業爭搶的 π 型人才，因為他們具備了跨域的整合力與創造力。

聚・團隊・勝出

蘋果創辦人賈伯斯曾說：「商業裡最偉大的事，從來不是由一個人所完成，它們是由一支團隊所完成！」天生好手或許靠單打獨鬥就能獲得勝利，但普通人若能和志同道合的夥伴組成隊伍，互相補足彼此的不足之處，一樣也能摘下成功，甚至正是因為「集結了眾人的智慧」，才可能堅持到最後，完成艱困的目標。

成功的經驗是可以複製的，一〇七學年度第二學期，學校推動一師一社群，每位老師依自己的專長、興趣，在社群和領域的協助下，為自己訂定專業成長計畫，而校內有社群領導經驗的老師，自然成為教師專業成長的動要推手。現在，除了領域會議和社群聚會之外，也常見教師們利用空堂或課餘時間，討論孩子們學習的喜悅或困難，分享教學的歷程心得，朝「自發・互動・共好」的專業成長努力。成功不必在我，而是我們努力建立合作夥伴關係，創造師生雙贏。

教師實驗共備社群與課程、教學、學習、活動……以最穩固的結構、高效能的資源整合、緊密的分工與合作，創造科學與美學的共構工程。

為．一起精進的時光，添加一點小確幸！

　　研習，一定只能坐在臺下聽講嗎？各處室的任務宣導，一定要像政策宣示的那樣嚴肅嗎？宣講式的研習，講師雖專業，卻常缺乏互動；週三進修的時間如此珍貴，既要進行十二年國教的課程發展與教師增能，又要提供教師自主研習的社群時間；而各處室，又有不得不辦的宣導和研習，能不能辦得有趣又更有意義；校內有許多具備專長的師資，能不能提供他們展現的舞臺呢？老師們平時的努力，能否讓更多人知道呢？於是，我們做了一些改變……

教訓輔三合一研習

主題：性平教育、學生輔導、反毒教育、防災教育、資安宣導

時間：2018/05/02（三）13:60-16:30

人力：主持人一人，負責研習流程及分組換場及時間的掌控，五個主題由行政業務負責人或專長教師擔任各桌桌長（講師），帶領老師進行專業對話。

情境：各桌主題負責的桌長（講師），以情境式的情節或案例，模擬教育現場所發生的狀況，讓老師進行討論分享，提出解決策略……

流程：教師分五組，每組約十人，一組三十分鐘，時間到換組，這樣三個小時的研習，老師進行了五個主題的交流，而且每個主題都有密切的互動、深入的討論，最後再利用半小時進行統整與分享。

任務：五組教師討論過程中將重點寫在同一張壁報紙上，最後一組討論完，留在原組與桌長一起統整前面各組的討論結果，並進行分享。（整理10分鐘，分享每組限時3分鐘，共計25分鐘。）

成效：增加教師主動學習、同儕互動，讓每次的研習都更有意義，透

過分享，資深教師能提供他的經驗與專業，而新手教師，也有
了諮詢的對象學習的夥伴，這樣的交流每學期雖然時間不長，
但老師的討論卻常常在研習後仍然持續，讓平時聊天的話題多
了專業的對話。

社群成果發表會

主題：自發・互動・共好的社群成果發表會

第一桌：藝視形態、創意手作

第二桌：國語共備、作文特攻隊

第三桌：桌遊教學、損有餘補不足

第四桌：自然實驗、防災教育

第五桌：書法教學、FUN英語

時間：2018/6/6（三）13:60-16:30

地點：育達大學商管大樓510聖吉講堂（外借場地）

策略：本學期起全校教師均依個人意願加入社群，校內十組社群召集
人分享本學年度社群運作方式及成果，每桌三十分鐘分享時
間，換桌時召集人不動，其他教師輪到下一組。

成效：教師們透過社群內部的運作，找到了教學的夥伴，也透過不同
社群之間的交流，看到教與學更多的可能。

~~~好玩的事才剛開始，我們還想攜手前行~~~

~~~待續~~~

肆　就是愛分享

網‧分享，是為了共好

后庄校本課程網：https://sites.google.com/hzes.mlc.edu.tw/curriculum

　　分享，是為了親師生的共好，也是為了教育的共好，為了社會的共好，十二年國教一〇八學年度上路，我們提早出發，一路上，得到很多校長、主任、老師的支持與協助，也吸取了其他前導學校的經驗；因此，我們願意、也希望，將我們的歷程和大家分享，幫助其他比較慢出發的學校，即使必須加快步伐、也能走得順、走得穩！校長及主任到他校進行校本課程發展歷程、教師備課觀議課操作模式，以及社群領導經驗分享，是我們實踐新課綱「自發、互動與共好」的理念，所做的努力之一。

後記，心聲：當伯樂也當千里馬

　　老師是學生的伯樂，衷心希望找到孩子的亮點，協助其發展天賦。而行政的角色，也常要發現人才、願意當老師的伯樂，他們除了身負校本課程的推動，還必須日千里、夜行八百，也不忘當千里馬。在一片少子化，減班的環境下，學校學生人數卻能逆勢成長，教師們也能同心協力，各展所長，行政人員默默耕耘的努力功不可沒。成就感，常是驅使人前進的動力，學生需要成就動機，老師也需要；給學生，給老師，給自己一個成功的機會、成就的舞臺；成就學生、成就老師、成就學校，也是成就自己；累！但有成就感，為學生，為教育，辛苦，卻也值得。為所有推動十二年國教的行政人員致敬；也為所有終身學習、成就每個孩子的老師致敬！

優選

至愛梵谷
現實與理想交織的校訂課程

信義國小　　羅靖姈

　　十二年國教新課綱即將上路，要求各校要在原先的彈性課程上發展校訂課程，此次課程改革與以往最大的不同，就是全校老師要共同參與課程的規劃。要動員全體人員一起參與並非易事，中間需經過不斷的對話與磨合，行政端要先熟悉新課綱的內涵與目的，心中要有一些想法和藍圖，才能帶著全校老師一起做課程的規劃設計。回想這一年來，學校的校訂課程從無到有，內心的煎熬與不安的思緒，讓我想起最喜愛的畫家──文生・梵谷，他的一生充滿痛苦與磨難，但流傳後世的作品卻是那樣動人絢麗又充滿個人色彩。而每校發展校訂課程的目的不就是要具有這樣的獨特性嗎？以下就結合梵谷的幾幅畫作，抒發我在這一年來發展學校特色課程的心路歷程，同時也向我最崇拜的畫家──文生・梵谷致上最高的敬意。

沉悶壓抑卻樸實真誠──【吃馬鈴薯的人】──與校訂課程的初次相遇

　　第一次接觸校訂課程，是在六合國小的校訂課程工作坊，竹南頭份地區鄰近的學校，聯合一起在六合國小的大禮堂，各自討論如何發展學校的特色課程。當時的我擔任學務主任一職，對於十二年國教和一〇八課綱的

內涵其實不甚熟悉，雖然苗栗縣政府教育處在各個研習場合陸續辦理著課程領導人的研習與宣導，也知道政策推動勢在必行，但畢竟自己不在教務處服務，對於新的教育政策，始終沒能有深入的瞭解。為了讓未來學校的校本課程是真正契合信義國小的每一個教育關係人，於是在本校校長號召下，抱持著學習的心參加了工作坊。

工作坊的實作課程，由講師帶領著各學校課程發展核心團隊，從觀摩其他縣市優秀的學校所發展出的特色課程案例開始，進而思考自己學校可以發展的課程類型。整個下午的課程從一點到四點半，在講師的帶領下，每個學校的成員無不絞盡腦汁，努力擘畫自己學校的校本課程藍圖。在擘畫的過程中，首先，我們要根據學校所在的地區，依據社區自然及人文特色，在十分鐘內用學校的校名發想出課程名稱，接著又必須在短時間內找出學校的願景、課程目標、核心價值、課程方案……等，而且時間一到，每個學校都要公開發表討論結果。

信義國小是因為近十幾年來，鄰近縣市人口大量移入頭份市而成立的新學校。校長和我們三處室主任討論良久，實在是想不出如何用「信義」的諧音幫學校課程取個亮麗的名字。以「海口」國小為例，光聽名字就知道是位在出海口附近的學校，而「六合」國小則是學區內有六個里的學生就讀。其他像「蟠桃」、「后庄」、「新興」……等，都是以社區名稱命名，「信義」不管是從人文歷史或自然環境的角度，都找不出其特色。最後校長

靈機一動，想到我們學區的家長大多在科學園區及國家衛生研究院上班，學生家庭經濟條件不差，學生在物質不虞匱乏的同時，著實更需要培養良好的品格，才能成為一個對國家社會有用的人。所以，我們就將學校校訂課程的名稱訂為「信義好禮　富而好禮」，期許信義的孩子都能成為彬彬有禮、文武兼備的國家棟梁。

　　在工作坊精進的那段時間裡，煎熬痛苦不在話下，除了有時間壓力外，還必須不斷動腦思考、積極與學校成員對話，遇到意見相左時，還要想辦法說服對方。在那個場合，我感受到無比的壓力，畢竟校訂課程需要透過全校成員共同參與討論，也需盤點學校內外部資源，依據學生需求、教師專長、家長期望……等，如果只靠校長、主任們討論而發展出來的課程，還是不能完整呈現整個學校的特色，由上而下的推動模式，也不符合教育部推動校訂課程的精神，所以，當時我覺得這樣的討論模式不太適合我，後來也因為學務處業務繁忙，校內外比賽項目多，工作坊參加了幾次之後就沒再參與了。與校訂課程的初次相遇，感覺有點灰頭土臉，會場中每個人的表情就像梵谷作品裡《吃馬鈴薯的人》，灰暗而厚重。大家圍坐在狹小的長條桌前，桌上擺放的不是熱騰騰冒煙的馬鈴薯，而是散落著討論過後寫滿整張內容的A4紙和各種顏色的筆，昏黃的燈光灑在每個人憔悴的面容上，給人沉悶壓抑的感覺。之後雖沒再去工作坊，但校訂課程卻在我心中卻留下了深刻的記憶，並決定勇敢接受挑戰。

渾沌下的不朽光芒──《星夜》──與校訂課程的再次相遇

　　去年八月，我從學務處轉任教務處主任，對於教務處的一切業務都感到陌生，許多事情得重新學習。整個暑假，除了忙著熟悉新處室的業務，學校同仁也決定在一○七學年度新學期先試行校訂課程。我這個新手教務主任，要帶著全校教師做校訂課程，雖然有初步的課程構想，卻沒有具體的課程目標與方案，就像一艘沒有羅盤的船在大海中航行，不知船要開往何方。

　　八月一日返校日當天，我先集合全校老師到視聽教室，將全校老師編入閱讀、食農、樂活及美感四個社群，並要求每個年級三位導師需加入不同的社群。我的想法是每個年級的導師參加不同的社群，透過社群運作，可以規劃出各年級的食農、樂活、美感課程，而科任老師則加入閱讀社群，負責訂定出各年級的閱讀課程，這樣學校在短時間內可同時實施四套校訂課程，而且一到六年級同時實施，一步到位。

　　每週五的第一節主題課，全校同時實施食農、樂活、美感三套課程，每套課程實施五節課，每位導師只要規劃出五節課就好，之後再利用輪班的方式上課，這樣可減輕老師們備課的負擔。這樣貼心的構想，我在心中暗自竊喜，老師們一定會心懷感激，並大讚主任聰慧英明。 第一學期大家就在我一手主導下，試做了四套校訂課程。原以為完美的構想，好似粉紅泡泡的夢幻課程，在經過課堂試驗後，卻是一個個破滅了。實施結果剛好與我想的相反，輪班上課不但沒有減輕老師們負擔，反而造成他們更大的困擾，紛紛要求停止用這樣的方式上課。

　　我很驚訝這個方法竟然行不通，也想知道問題出在哪裡。老師們提出的理由有二：第一，輪班上課，在課程準備上，老師雖然只需規劃五節課就好，不需要花太多時間，立意良好，但在課堂上對於學生的管理就有困難了。老師到別的班級上課，對於孩子的個性及學習狀況不瞭解，甚至連學生名字也叫不出來，無法做到差異化、個別化教學，常常花在管秩序的時間比上課還多。第二，每套課程只有五節，無法做更深入的課程探究，只能蜻蜓點水式的帶過。以食農課程為例，一套完整的食農教育，應該包含與飲食教育相關的低碳飲食、飲食文化、均衡飲食（正確的飲食知識），以及與農業教育相關的社區產業（含農村及在地經濟）、食農體驗、全球環境變遷調適（糧食安全），以及串連飲食教育及農業教育的友善環境、食品安全⋯⋯等面向，涵蓋範圍非常廣泛。而學校食農課程只有五節課，種植的蔬菜還沒有收成，課程就結束了，學生又得進行下一套新的課程，並沒有真正體驗到食農教育的精神與理念。再對照其他課程實施也面臨相同的

問題，我內心不禁有個疑問，學生在這樣的教學模式下，真的有培養出我們希望的核心素養嗎？還是又一次煙火式的活動，熱鬧有餘，內涵不足。如果花很多心力，結果卻是這樣，還不如回到教室上課，強化基本學力反而更有意義。

四套課程如火如荼地試行一學期之後，發現問題很多，好似梵谷的《星夜》璀璨絢麗卻又透露著躁動不安。我也開始思考，光彩奪目的課程同時實施，對學生真的有幫助嗎？老師們也提出建議，希望一學期只實施一至二套課程就好，並由各年級自己決定要發展哪套課程。但也有老師提出反對意見，如果讓各年級自己決定發展課程，那會不會有哪套課程被遺漏或課程內容在各年級重複出現的問題呢？各種不同的聲音如梵谷《星夜》中翻轉滾動的雲彩，朝著明月襲捲而來。為了不讓新課綱推動的美意打折扣，行政端還是得趕緊想出對策，讓老師們願意繼續發展我們的校訂課程。

追尋太陽般熾熱的靈魂——《向日葵》——以梵谷主題發想的校訂課程

放寒假前的期末校務會議上，大家討論著下學期的校訂課程該怎麼實施。這次有老師提出，是否一個年級做一套課程就好，不要同時做四套課程，至於要做什麼課程，由各年級老師討論決定。另外也有老師提出，四套課程可以同時進行，各年級的課程規劃設計之後，由導師帶著自己班級的學生做。總之，老師們都不想採用先前輪班上課的方式，希望能自己教自己的學生。我們行政端尊重老師們的意願，也很感謝大家配合施行了一學期，畢竟校訂課程的推動要靠第一線的老師大力協助才能成功，老師們願意分享推動經驗，不管建議是否可行，行政端都應該想辦法協助改善。

「危機也是轉機」，這句話說得一點也沒錯，學校之前申請了很多計畫，我常常忙得焦頭爛額，連休息的時間都沒有。剛好下學期又遇到兩個美感教育訪視，一個是「校園美感學習角落與地圖」，另一個是教育部的

「藝術深耕計畫」訪視。計畫的主題是「四季任我行——與梵谷相約在信義」，內容有「與梵谷有約」、「魔法花園」、「藝術家畫廊」及「草地音樂會」四個主題。正當我為訪視成果該如何完成而煩惱之際，突然靈光一閃，我的訪視成果何不結合校訂課程一起進行呢？於是我們第二學期就以「梵谷」為主題，來進行閱讀、食農、樂活及美感四套課程。

首先，在閱讀課，老師先介紹梵谷的生平及其畫作，讓學生對梵谷有所瞭解並懂得欣賞他的畫。圖書室「每月主題書區」也推薦藝術家相關書籍，鼓勵學生借閱。低年級老師設計了一些有趣的題目，讓學生寫下想對梵谷說的話，中高年級則利用閱讀課製作了梵谷小書及在星空下為梵谷寫詩……等活動。另外，我們還結合了「MSSR身教式閱讀計畫」裡的聊書活動，鼓勵學生回家與家人說說梵谷的故事。

在食農課程方面，則進行「信義魔法花園」的活動。在梵谷畫作中，最常出現的植物就是向日葵和鳶尾花，在欣賞完梵谷的畫之後，讓學生親自體驗種植的樂趣，也讓學生發現大自然之美，原來鳶尾花的顏色有這麼多種，有紫色、黃色、粉紅色和白色，梵谷畫作裡最常出現的就是紫色鳶尾花，而黃色和藍色正是梵谷最喜愛的顏色。學生們透過食農課程，將信義校園打造成梵谷的後花園。

因為梵谷患有憂鬱症，內心躁動不安，他的畫作常呈現出旋轉、用色大膽及對比強烈的風格。於是老師們在樂活課程上，規劃了一系列的舒壓課程，結合健康與體育領域，引導學生在遇到困境時，該如何釋放壓力，並尋求解決之道。除了均衡的飲食外，養成運動的習慣也是健全身心的好方法，所以，藉由梵谷的生平事蹟，也能讓學生思考在逆境中該如何減壓，並提高挫折容忍度，讓自己活得健康自在。

四套課程中，與訪視成果最相關的，當屬美感課程。五年級的學生在老師的帶領下，將視聽教室的玻璃牆變成了梵谷的星空牆。原本視聽教室後方的玻璃牆是用不透光的窗簾遮擋光線，但時間一久，窗簾破損嚴重，美感盡失，遮光效果也不佳。發現校園美感不足的地方，進而加以改造，

就是「發展校園美感角落與地圖」計畫的目的，五年級的美感校訂課程，就決定改造視聽教室的玻璃牆，並以卡典西德紙貼出梵谷名畫——《星夜》，整個牆面歷時兩週完工。星空牆完成後，部分光線依舊可以穿透進來，效果近似教堂裡的玻璃窗花，美麗景象，令人驚豔。這面星空牆兼具美觀與實用的功能，讓訪視委員們感到十分的驚艷與驚羨，讚嘆不已。而二樓圖書室旁的走廊，原本是陰暗危險的角落，為了不讓學生靠近，還用大型花盆擋住，牆上還標示出此處為危險區域。此次六年級的美感課程就以梵谷的名畫——《夜晚露天咖啡座》為靈感，改造信義的暗黑走廊。他們使用大量的藍色、黃色和橘色，在牆面上作畫，勾勒出明亮絢麗的色彩。雖然都是大面積色塊的彩繪，但每位學生專注作畫的表情，實在令人感動。走廊天花板上的燈，為了營造出夜晚露天咖啡座的效果，還結合了客語生活學校的計畫，換上了桐花燈座，夜晚的點點繁星，也巧妙地變成了朵朵桐花，師生運用了在地元素，讓梵谷充滿南法風情的露天咖啡座變成了具有客家元素的桐花咖啡館，並決定第一次成績評量後，要讓信義的桐花咖啡館真正營業。

以梵谷為主題的校訂課程，內容多元且豐富，老師們也覺得用一個主題來連結四套課程，可以發展出很多的學習活動。但每學期都要訂一個主題，每次都要花很多心力在規劃設計課程上，這學期做完梵谷後，那下學期呢？如果可以一次設計連貫一到六年級的課程，讓學生能完整且有系統的學習，我們也可以檢視學生從一到六年級是否有獲得應有的核心素養，同時能避免年級間課程內容重複學習的問題。就老師來說，每年光想要做什麼主題，壓力就很大，每年更換新的課程內容更會耗盡老師們的心力與熱忱，所以，行政端應該要思考更周延的方法，並仿效梵谷《向日葵》的熱情與活力，傳遞如太陽般熱力四射光芒，將滿滿的正能量分享給辛苦付出的老師們，讓老師們更有活力繼續研發新課程。

真實與夢幻的融合──《夜晚露天咖啡座》──擁抱摘星夢想的校訂課程

　　為了配合十二年國教新課綱的實施，各校無不繃緊神經，全體總動員。在新舊課綱交替之際，我們也在思考，校訂課程要從小一開始逐年實施，還是一到六年級同步實施呢？如果是小一新生先施行，對其他年級的老師來說當然是比較省事，但以學校立場考量，全校一起推動實施，對校務長遠發展才是有利的。依據十二年國民基本教育課程綱要總綱的相關規範，學校本位課程之規劃，應包含部定課程及校訂課程。部定課程強調學生基本學力之鞏固，而校訂課程則希望學校能考量校內外資源、學生需求、教師專業及學校教育願景……等，發展學校特色課程，培養學生多元的興趣，讓學生適性發展。

　　本校位於頭份市區，近幾十年來人口成長快速，學區內家長大都擁有高學歷，社經地位條件不錯。學校老師們在做完SWOTs分析後，皆認為本校孩子的物質條件不虞匱乏，但父母過於呵護關愛，以至於生活自理能力較欠缺，希望能培養自己動手做的好習慣，於是我們學校的願景就訂為「讓孩子成為做事有品質、做人有品格、生活有品味的現代優質國民」。校本課程願景分為「鞏固基本學力　向下扎根學習」、「涵養生活品味　發展優勢潛能」、「培養在地全球化視野　擁有全球移動力」。校訂課程主題分別為「信義三HOW禮-HOW美力、HOW玩綠、HOW樂活」。低年級以發展美感教育為主，玩綠、樂活為輔；中年級以食農課程為主，美力、樂活為輔；而高年級則以樂活為主，強化運動技能，玩綠、美力為輔。三套課程皆須搭配閱讀課程進行，以深化學習，避免課程活動化，熱鬧有餘，內涵不足。

　　以上課程架構皆由全體教師，透過教師專業社群共同備課討論，週三下午研習以及參加校外工作坊，不斷學習進修，初步規劃而成。老師們盤點學校現有的課程，有時不免對學生目前的學習現況感到憂慮，所以，會不時加入新的元素，隨時調整課程，就像梵谷的《夜晚露天咖啡座》，融合

現實與對未來的想像。新的課程改革，就是希望透過由下而上的草根模式，讓老師們參與課程規劃，設計出符合自己學生需求，也就是接地氣的課程，從教導孩子關懷在地自然資源及歷史人文，到關心國家社會問題，進而關注國際重大議題，培養他們的核心素養，讓他們擁有面對未來挑戰的核心關鍵能力。

以終為始，追求卓越──《在永恆之門》──永續發展的校訂課程

「校訂課程是學校特色的展現，也是學校永續經營的基石」。校訂課程試行以來，最大的收穫就是學校因特色課程而知名度大增，不但吸引記者到校採訪，磁吸效應更吸引了學區外學生轉至本校就讀，班級數逐年增加，家長及社區也挹注了更多的教育資源。學生因閱讀課程培養了閱讀好習慣，因美感、食農課程而主動探索生活中美好的事物，也在樂活課程中培養了主動積極的態度，樂於參與校內外競賽活動，勇於展現自我能力。學校老師為了莘莘學子，自願參與進修充實自我，也常利用課餘時間進行社群對話，設計教學活動並在課堂中實踐，更透過共備、觀、議課不斷省思修正，進而提升了自己的教學專業。

課程推動要成功，老師是最重要的推手。學校行政除了給予教師應有的資源協助外，關懷問候、同理支持更是不可少。當行政端不斷下達政府政策時，如果不懂得行政減量，簡化流程，讓老師疲於應付上級交代的事項，再多的熱情也會消失，到最後只能虛應故事，敷衍了事。自從接任教務主任一職，我主動參與老師們的社群運作，親自示範公開授課並將流程拍成影片讓老師們參考，聘請教授到校指導課校訂程活動設計……等，最主要的目的，就是希望與第一線教師站在一起，瞭解他們的需求與想法，解決他們教學上的困境，減化行政工作內容，讓他們可以無後顧之憂的進行課程教學。也許我做得還不夠多、還不夠好，學校的課程也有許多要修正之處，但希望經由大家的努力，繼續為我們的教育奉獻，使每個孩子都能符應新課綱「自發、互動、共好」的理念，一如梵谷《在永恆之門》中

所要傳達的，即使身處逆境，依然堅持做自己並且是更好的自己。也期許信義的孩子在校訂課程的薰陶下，未來皆能適性揚才，自由揮灑天賦專長，並能勇敢追逐屬於自己的夢想。

課綱，讓我們遇見幸福；
課綱，讓我們一起翻轉
因為，我們是蝸牛團隊！

中山國小　　李夢雪

壹　引言——我們是蝸牛團隊

「噠、噠噠噠、噠噠……」電腦鍵盤平靜地忍受著大夥兒的敲擊，桌上一張張劃了又寫、寫著又劃的便利貼，都是老師不斷討論、腦力激盪的創意發想。圖書館內沒有太多吵雜的聲音，沒有爭執，沒有嬉鬧與喧嘩，只有不斷地小聲討論的溫馨畫面。

我抬起頭，圖書館兩側的窗戶倒影上顯現的是一群充滿幸福感的老師，正在努力的翻轉教學現場，這個畫面——當然，都是屬於「我們」的，因為我們是一個團隊。我的心裡淡淡地重複著這句話。

大家還記得以前的我們是怎麼設計課程的嗎？大家還在等待書商送來一張張的備課光碟嗎？當我們複製貼上一張張一頁頁的課程計畫，您是否發現，其實課堂中我們未必這麼做，因為這不一定是我們的孩子所需要的，但是大家都這麼寫，時間又這麼的急迫，我們不得不這麼做，對吧？因為，這是最有「效率」並且能立竿見影的方法，我們只要選定版本，選對檔案，不斷的複製再貼上，很快地就能大功告成，有的時候只要將學年

度換一換，主要材料與內涵或許多年一成不變，但是我們都不會在乎，因為從教書以來大家都這麼做，對吧？不管我們想要什麼，從教師手冊到備課資料，書商總能滿足我們，憑藉著我們潛在的專業，這些教材不用花多少力氣準備，或許閉著眼睛都能教，對吧？

　　但這樣的教師效率，能轉換成教學效能嗎？DeWitt（2014）認為，擁有專業、技術、好的支持系統、以及保有舊傳統與創新，是翻轉的必然條件。翻轉是一種態度、一種思維，也是一種行動，更是個人、是團體與組織的結合，應該要形成社群與支持團體，積極為學校及學生架構溫暖及幸福感（王全興，2016）。翻轉教學不僅能改善教師的「教」，更能提升學生的「學」，因此，若能更有系統地強化教師翻轉教學的專業知能，並彈性地配合情境、時間、空間與策略等輔助，便能促使翻轉教學成效達成最大效益（顏國樑、閔詩紜，2018）。如今，因應一〇八課綱的來臨，為了讓孩子未來的學習能有滿滿的幸福感，又能提升學習效能，中山的教師們不得不強硬起來，想方設法帶著孩子一起翻轉；在教師專業素養這層面，透過各項專業的研討會或社群運作、教師增能研習，累積跨領域教學與設計課程的實力，並用自己設計的教材，改變自己的傳統教法。有句話說：「一個人若已到了沒有任何東西可以依賴的時候，往往會變得堅強起來。」對中山的老師而言，這句話可說是最佳寫照，捨棄書商所提供的資料，老師開始展現長久累積的教師專業。

　　在中山國小任教十八年，如果不是新課綱即將實施，或許沒有機會看到中山的教師團隊們如此專業的轉變，看到老師們如何運用團隊的力量翻轉整個校園。中山的老師自詡為一群已經上了年紀的蝸牛，少子化的影響，學校面臨減班危機，大部分的老師都和我一樣，任教超過十八年沒有

調動過學校，有老師開玩笑的說，就算想調也調不走，其中有超過五分之一的老師即將退休。但這群蝸牛是很棒的團隊，雖然動作慢了些，步調緩了些，卻能始終保有教學熱忱，在一個「慢慢來」的氛圍中，靠著團隊的力量，慢慢改變大夥兒的傳統舊思維，形塑一股正面向上的力量。

以前，在這個學校的教育氛圍中，老師與老師之間互相競爭，互相比較，連衛生、秩序都要比，老師的權利與責任的分配一定要清楚，處室與處室間一定要完全分責與分工，否則總免不了產生嫌隙，最怕的是開會時那種互拍桌子的畫面，那時的我，頭低得不能再低，心裡總想著，應該往哪邊一倒，才不會掃到颱風尾；在這樣的氛圍下，教師怎能有好的教學，學生怎能有好的學習，其結果可想而知。

四年前，在校長的帶領下，這個學校的情況開始有所轉變，為了因應新課綱即將來臨，從幾個老師開始組織團隊展現熱情，大家開始思考如何改變，帶著全校師生一起翻轉；我們選擇從參與教育部的許多競爭型方案出發，透過專業的計畫內涵與專家的帶領，協助老師走出困境，從數位閱讀、閱讀磐石獎、設計學習、晨讀與聊書計畫，到教育部行動學習，一步一腳印，我們不但獲得許多獎項，讓老師的專業得到肯定，更完成一至六年級螺旋式課程架構設計。今年開始，將重點放在一至六年級一〇八課綱校訂課程計畫（小系統）撰寫，從總綱素養，到學習表現、學習目標，透過任務型探索性課程設計，建構屬於中山學子的學習地圖。

有段話說：「什麼是成長？那是你內心的一個尺度。你能夠感覺到你的成長，你內心知道你會成長為什麼樣貌，就好像一顆樹籽，無需指導，也會成長為一棵挺拔的橡樹。世界上每一個人都能夠成長為自我最好的樣貌。」回顧一路走來點滴，蝸牛團隊帶著一群小蝸牛慢慢爬，老師們的轉

變與成長，讓我覺得很驕傲，也很慶幸自己能在這裡服務，陪伴著老師一起慢慢變好。

貳　資訊科技
——是落實核心素養導向教學的契機

　　「核心素養」是指一個人為適應現在生活及面對未來挑戰，所應具備的知識、能力與態度。其強調學習不宜以學科知識及技能為限，而應關注學習與生活的結合，透過實踐力行而彰顯學習者的全人發展（范信賢，2016）。而要能實踐具備知識、能力與態度的學習，就中山國小而言，「資訊科技」成為我們讓孩子展現亮點、培養知識、能力與態度的工具。為了縮短城鄉差距，我們參與數位閱讀、行動學習計畫與前瞻智慧教室計畫，藉此改善資訊環境設備，引進平板與互動式教學平臺（Learn mode、雲端共作、1know、教育雲學習拍等）進行創新教學課堂，不但讓孩子自主學習，也在課堂上進行互動式學習，透過老師即時回饋，適時給予補救，孩子沉浸在「無所不在的學習」情境中，不但讓學習時間更具彈性，也能真正落實以學生為主角的素養導向教學。

　　以六年級數學科統計圖教學為例，煩躁無趣的數學，一直是小朋友最抗拒的學習之一，繁雜的數據、分類、理解與推論演算過程，對孩子來說，很容易失去耐心，尤其是課本中的情境、例題，大部分與自己的生活經驗無關，因此學生大都只是不斷地應付老師出的功課，所以『學不會、考不及格』是家常便飯，數學永遠不會是自己喜愛的學習課業。於是課後，老師只能不斷重複的講解與補救，惡性循環的學習情境，漸漸地讓孩子失去學習動機。但中山的老師就是與眾不同，一〇八課綱還沒實施，老師們已經將其精神與理念，設計在跨領域的課程中。透過「跨領域教學」，結合校本課程～閱讀火炎山，帶孩子從生活中，體驗學習數學的樂趣，習

得應有之知識與學習態度。

　　坐而言不如起而行，許多知識是在課本中找不到的，尤其是與自己生活息息相關的知識，更不會出現在適用全國小學生的課本中，孩子的學習無法從自己的生活經驗開始，因此老師們搭配體驗課程，帶著學生進入火炎山自然保護區實地踏查。從觀察石頭、山脈和植物的分布，到氣候、岩石的探究等等，進行相關資料之蒐集與討論，究竟我們在火炎山上看見些什麼？再比對網路所蒐集來的資訊，包括日均溫、月均溫、年均溫、礫石惡地地形、降雨量等，最後透過教育雲、google等網路平臺再做一次的資料整理與分類，讓學生在熱烈的小組討論中，慢慢的發現問題、定義問題、解決問題，找出關鍵；老師再引導各組將所蒐集整理的氣溫資料，透過平板輸出統計圖，並上台分享統計圖表之發現，推論出「火炎山一帶是南北氣候之分界」、「苑裡鎮與三義鄉之氣溫差異達二度」，證實所見與所學。最後才把大家討厭的數學課本拿出來，依實際學會的繪圖經驗、分析數據經驗，完成課本與習作的例題。

　　「哇！原來數學課本的例題很簡單，原來統計圖真的可以用在生活中哦！」這是在那一節數學課，聽到最多次的一句話。六年級攀登火炎山學統計圖單元，只是其中一個小例子，從六年級的「火炎山」，到五年級的「食農教育」，還有中年級的「社區走透透」，用學生的視角帶著老師逛社區等等，每一個課程學生都是主角，都是以學生為學習中心的課程設計。綜觀之，以一〇八課綱的課程設計細節而言，我們現在做的只是小小的一部分，但老師們也可深深的感受到，因為有著前幾年不間斷的努力過程，現在針對一〇八課綱的校訂課程設計，老師不用害怕「從無到有」要生出課程的歷程，而是輕鬆自在的，透過更多、更深的討論，透過資訊科技由內而外發展出更完善的課程脈絡。

參 專業社群——成為中山教師翻轉課堂的力量

Dufour和Eaker（1998）提到教師專業學習社群是指一群從事教育工作者有共同的使命、目標與價值觀，所建立的能互相合作、情緒支持及成長的環境。Hord（2004）也說明教師專業學習社群是在共同的目標與願景下，社群領導人帶領與支持成員參與社群，在過程中採取合作及分享實務經驗模式，互相支持，使社群有更良好的運作與品質。換言之，教師專業學習社群可說是一種協同合作的概念，它提供教師各項教學資源與知識共享的專業平臺，它也是老師溝通協調的有效窗口。因此，我們連續五年透過教育部精進教學計畫，由行政端協助排除教師課務上的困難，安排共同討論與分享時間，落實社群之運作；本學年度則安排星期五下午共同時間，讓所有參與社群的老師無課務之憂參與討論；並藉由各項專案計畫之專家輔導機制，把專業帶進校園，解決教師專業不足之困境；同時，設置公開觀議課獎勵辦法，鼓勵教師透過反思與對話，把創新帶進校園，本學年度每位老師至少辦理觀課一場、參與公開觀議課二場，同時，連續二年透過行動學習計畫，辦理全國公開觀議課，提升教師專業。

成功不是將來才有的，而是從決定去做的那一刻起，持續累積而成。透過社群，中山團隊不斷自我反省，追求專業成長，持續累積自己的實力，持續為未來的成功奠基，持續翻轉課堂。

肆 競爭型計畫——有效提升中山教師教學創新

創新教學是指富有熱情的教學過程，以及堅持改變原缺失，並能傾聽與主動引導學生學習，一直到有顯著的教學成效為止（Lunde & Wilhite, 1996）。而現階段教育政策中，有許多政府所規劃或民間教育單位所發起的

競爭型計畫，有意願參與之學校皆可提出申請；此方案皆有其共同特色，包括發展創新教學策略等等；同時，這些計畫也提供完善之鷹架，帶領老師一步步完成自己設定的任務與目標；因此，我們透過討論取得共識，選擇對學生有利的計畫，包括教育部行動學習計畫與數位閱讀計畫，並參與計畫的推動，不但提供師生更好的教學設備，更透過創新課程的設計翻轉學生的課堂學習。

六年甲班呂庭昀老師說，參加競爭型方案對班上的孩子而言，最大的改變就是「學會主動與互動」。現在，教師不必再當「答題者」，而是「提問者」，學生利用行動載具搜尋資料，在蒐集的過程中，可以自己檢視資料可信度，培養解決問題的能力。以前的學生，無論寫國語習作、寫作文，總有人問：「老師，XX字怎麼寫？」我總是不厭其煩的告訴學生：「自己查。」現在，聽到這句話的次數明顯變少了，甚至還會聽到學生相互提醒：「自己去查平板啦！」經過觀察，發現對於在紙筆測驗得不到成就感的學生，有許多人在行動載具的運用、小組討論等創新課堂上，能力相當好，當教師開始上課時，他們不僅不搗蛋，甚至成為最佳幫手，我想，當班上的學生在教室內不再是被動接收者，對學習已經向前邁進一大步。而綜觀自己對十二年國教的瞭解，未來課綱順利實施後，對這群處在非山非市的孩子而言，應該是有百利而無一害的。

四年甲班陳永興老師也說，對班上的小朋友而言，這是個美好的開始，透過這些科技小工具所發展的創新課堂，不但讓學生上課不再無聊，也改變傳統的教師講述方式；而這些改變，除了老師可以節省一再講解的時間，留下更多時間來輔導需要補救的孩子，更重要的是讓學生學到自學的能力，讓學習更有效率。

伍 溫馨小故事——燈火通明的夜晚，一場贏得掌聲的班親會

　　舉辦班親會的真正的意義在於與家長的溝通聯繫，奇怪的是，每每到了班親會召開的那一天，出現在教室的家長可說寥寥無幾，而這種景象數十年如一日，但這次的班親會有了一點小改變。

　　夜幕低垂，五年級的教室裡，幾乎全部家長都到齊，大家各就各位，坐在比自己小一號的學生椅子上，只看見家長時而滑手機，時而講電話，或與旁邊的家長交頭接耳。工友阿伯氣喘吁吁地來報：「主任，五年級來了好多家長，真是不可思議！」當時的我平常心看待，心想，應該只是剛好家長有空，湊巧而已，其他事情一忙，馬上忘得一乾二淨。

　　幾個小時候，許多班級漸漸熄了燈，校園漸漸靜了下來。只剩下四樓教室依舊燈火通明。此時，工友阿伯再來報：「報告主任，很奇怪哦，大家都下班了，五年級的教室還有很多家長，會不會有什麼事？」我瞄了一下時間，哇！九點二十分！直覺應該是有什麼事情導師解決不了，該我出場了。我拿起手機，二話不說往四樓衝上去，到了教室門口，只見二個班的老師氣定神閒的坐在講臺前，與家長大談闊論，聊自己的班級經營與教學計畫，還有未來這個班要做的事，只見老師逗得臺下哄堂大笑，或家長舉手發問問題，總之，工友阿伯是多慮了，我也放下心中的大石頭。

　　時間又過了一個小時，實在太晚了，只好上樓趕人，最後一組家長依依不捨的從五甲教室離開，此時與家長閒聊了幾句，一位家長說：「主任，我覺得學校好用心，老師也好用心，不但班級帶得好，還規劃了好多校外體驗課程，而且還幫小孩子申請補助……，到現在我才知道，原來我們的小孩子在這裡讀書是這麼幸福。」當時的我雖有點摸不著頭緒，仍舊在「再見聲」中畫下那一日完美的休止符。

　　隔天與老師聊起這件事，才知道原來這次班親會，老師強烈要求家長

務必參加。老師希望透過班親會與家長建立起溝通的管道，因為他們有太多的理念需要與家長溝通，更需要家長成為他們最大的支柱。他們告訴家長有關一〇八課綱的實施對孩子的影響，課程有什麼改變；他們告訴家長因應新課程，老師們今年決定怎麼做；他們也告訴家長，我們今年規劃了許多校外體驗課程與實作課程，目的是落實素養導向教學，培養孩子的生活態度與生活能力，而這些課程都不需另外繳費，因為我們會幫孩子申請各項計畫經費來減輕家長的負擔；他們更告訴家長，請家長不要在意國語數學考幾分，也不必送孩子去補習，因為這都不是孩子目前最需要的，而他們出的考試題目在補習班肯定也找不到，家長只需多留一點時間陪陪孩子，這樣就夠了。

在燈火通明的夜晚，這是一場贏得掌聲的班親會。我想，我總算瞭解家長為什麼會如此信任這兩位老師的原因。

陸　結語——讓我們一起翻轉孩子的幸福人生

歐陽修曾云：「開創偉大事業的是天才，完成偉大事業的是辛苦。勉之期不止，多獲由力耘。」或許我們不是開創教育事業的天才，但我們都在努力地完成教育這個大事業，雖然辛苦，但也期許我們都能以不自滿的心態來勉勵自己繼續努力，因為，獲得成就的多少是取決於我們的努力程度。姑且不論十二年國教實施後，能為教育帶來多大改變，或成功與否，但從這一年老師不斷的討論再修正，不斷的為孩子往後的學習，設計適合每一個孩子的課程來看，可預知的是，當教育的價值被提升，賦予老師的專業將會被彰顯；師者，傳道、授業、解惑也，透過一〇八課綱的實施，我們深信一定能擁有成為孩子的「好老師」這份自信。

當然，從九年一貫課程到一〇八課綱的實施，我們要顛覆的不僅是教學環境的改變，而是要打破傳統教育模式的僵化，期許為學生教育帶來創

新氣象，以成就孩子未來要具備的知識、能力、態度與生活素養。而要改變這一切，除了行政端要塑造彈性且多元的學習環境，為師生的教與學，提供完善的支持；教師端也應建構有意義的教學內涵，強化教師的專業素養，並讓學習重心回到孩子身上，重視孩子的學習需求，鼓勵親師生一起努力，營造豐富的學習文化。

簡單的事情重複做就能成為「專業」，重複的事情用心做就是最大「贏家」；一〇八課綱的推動，是立基於舊有且良好的傳統教學基礎上，或許我們會感覺一直在反覆做一些簡單且傳統的事，但只要能用心，在行政支援、課程設計以及教學策略上，以傳統教學為基礎，並落實一〇八課綱的教育理念，配合並支持改變，一起努力向前行，一定能翻轉孩子的幸福人生，這不僅是讓孩子贏在起跑點，更創造親師生三贏的局面。

優選

耕一畦校田　耘一畝心田
圓一個課程實踐的夢

文峰國小　　詹偉宏

壹　緣起

一｜學校背景概說

　　西湖溪秀水長流，雙峰山屹然於後，依山傍水的美麗校園，是培育國家棟樑的搖籃。文峰國小以穩健踏實的步履走過五十餘載的歲月，奠定了純樸優質的校風，揮灑出璀璨亮麗的色彩。

　　本校創立於民國五十五年八月一日，位於銅鑼鄉苗栗八古景之一「雙峰凌霄」的雙峰山下，是一個以客家族群為主的聚落，目前有教職員十八人，學生四十八人。在歷任校長與教職員戮力以赴，深耕經營之下，而今的文峰無論在軟硬體建設上均已達到現代化教育的環境。

　　學校推動全人教育，強調每位學生之適性發展，讓老師充分發揮所長，以「活潑、有禮、合群、上進」勾勒出未來教育藍圖，除正式課程之教授外，也積極指導學生參加各項比賽，成績斐然。在語文表現上，參加苗栗縣英文朗讀與讀者劇場的亮眼表現有目共睹，國語朗讀與演說更是鄉內比賽的常勝軍；在藝術成績方面，連續七年代表苗栗縣參加全國音樂比

賽口琴合奏均獲得優等成績；科學表現上也不遑多讓，以研究校田地下生物為題，參加苗栗縣中小學科學展覽，也獲得優等的成績；更難能可貴的是，本校推動神農計畫，以一畝校田的想像與實踐，開展出自然、生活、英文、閱讀、資訊等多元豐富的教學活動設計，在眾多參與學校中擔任領頭羊的標竿角色。

二 ｜ 一念之間的悸動

　　文峰，一所年過半百，即將進入花甲之年的學校，昔日榮景全盛之時，全校人數將近二百餘人，而今因為少子化及社會型態的巨大轉變，學生人數逐年驟減，目前僅剩四十八位學生。曾經是蒼海的飽滿，在時過境遷的無情衝擊下，也會有桑田的辛酸。對一所非山非市的學校來說，僅剩四十八個學生，的確是個警訊，人數如果持續再往下降，那後果真是會讓人沒有勇氣再繼續推敲下去。該如何是好呢？船到橋頭自然就會直嗎？以不變應萬變的心態面對嗎？抑或是個人自求多福，將來另謀出路呢？這一連串的問號，就像是道無解的方程式，不斷的交纏糾葛著文峰這個團隊裡每個人的心。「時間」二字在這當口肯定不是一帖解愁的良藥，但肯定的是引起莫名恐懼的藥引，該是群策群力尋找解方的時候了，文峰或許，不，應該是文峰迫切需要些什麼樣的改變了！

　　詩人楊牧說：「剎那的發現中可以肯定永恆的觀照，細微的悸動裡可以認識無盡的悲憫和喜悅」，而文峰在這剎那與悸動之間可以肯定或認識些什麼？還是可以打破什麼樣的藩籬？可以有什麼不一樣的新思維呢？本校詹建華校長如實的、懇切的、明白的期勉全體教師：在這教育思潮的衝擊下，文峰的老師絕不能再墨守成規、單打獨鬥、甚至抱持著觀望的態度來因應，而是應該講究團隊作戰，求新求變，除設計多元的課程與教學活動外，還要瞭解家長及學生的需求，以孩子受教權的完整及最大效益為優先考量；當老師立志當一個人師、經師、天下師，心心念念都是在學生學習上的時候，這一念之間的悸動，就是發了一個大心，就是相信自己縱然前

方荊棘密布，仍能無所畏懼，勇往向前，所謂有心就有願，有願就有力，無量的正向願力，正是讓文峰徹底改頭換面，突破黑暗，迎向光明的契機。

貳　課程發展面面觀

一｜教師暖身培力與翻轉慣性思維

（一）教師專書閱讀，長期薰修增能

富蘭克林說：「讀書使人充實，思考使人深邃，交談使人清醒」，這聞思修的根本道理正好符應本校歷任校長對於教師專業能力的培養與精進的重視。習慣不是一時之間可以養成的，教師專業能力以及背景知識也不是只靠聽聽幾場研習，看看幾本書專書就可以得到的，閱讀需在恬吟密詠中，慢慢發酵醞釀；教學也需依據教育的原理原則並在反覆的實務操作下，方能通古今之變，成一家之言。因此，本校除長期申請精進教學教師專業學習社群的經費外，也於一〇七學年度申請教育部活化教學計畫，長期利用相關的資源挹注教師對於教育專業書籍的渴望與需求；不僅如此，除充實教師本質學能之外，利用晨會或週三下午的分享發表與專業對話並集結成冊的成果，讓本校教師對於教育新知的思辨與教學技巧的再進化，都能更有自信的掌握。

教師的專業來自於對專業的渴求與實踐，因此行動力是關鍵，如果一個學校教師的閱讀文化是長久薰修，用預做準備的心態，一步一腳印的長期深耕，那對於教育的核心價值肯定是會有一套不同的見解與思路。本校羅老師在《翻轉教育》一書的閱讀與分享中談到：缺乏長期的生命目標，讓這一代的年輕人普遍產生對於人生的飄浮感，深究其原因，除了一成不變的學習課程讓教室裡的客人數量隨著年紀的增長而不斷的增加外，在升學導向的迷思觀念加上傳統教學的缺漏產生的學習無助感，也讓孩子的學

習動機沒有明顯的提升，反倒變得更薄弱，因此，改變的思潮正悄悄的在文峰校園中醞釀成形；另外，本校劉老師在《閱讀的力量》一書的分享也提到：閱讀可以活化人腦，提高思考的能力，可以增見識、長學問，拓展思路，改變思維習慣，促進個人進步，消除寂寞，淨化心靈、修身養性等好處，閱讀其核心在於思考，不單是閱讀文字的表面訊息，更關乎獨立思考與判斷能力，是終身適用的自學能力。

再者，本校何老師在閱讀完《一個數學家的嘆息》這本書後的心得分享也談到：學校裡的數學教育所依循的是一套沒有歷史觀點、沒有主題連貫性的數學課程，支離破碎的蒐集了分類的主題和技巧，依解題程序的難易度湊合在一起，一個主題接一個主題的進階安排。用這種強調精準卻無靈魂的操弄符號的文化及價值觀來學數學是很辛苦的，難道我們要將下一代變成了訓練有素的黑猩猩嗎？有時甚至為了達到「有趣」與「關聯」的目的，難免發生許多「牽強而做作」的數學布題，因此，與其要學生死背圓面積的計算公式，不如敘說阿基米德甚至劉徽有關圓周率的探索史實，說不定更能觸動學生好奇的心靈。

（二）專家支持陪伴，引領課程方向

《道德經》云：「合抱之木生於毫末；九層之臺起於累土；千里之行始於足下」，面對全世界教育改革的思潮，如果沒有勇氣適時先跨出課程改革的第一步，可以預見的是，最後勢必會在一連串的「茫、盲、忙」中囫圇帶過。這種急就章的做法不但對整個學校的課程發展沒有實質的幫助，甚至會引發行政與教師或是教師與教師之間的嫌隙。學校課程的發展是需要勇氣走出安逸守舊的教學舒適圈；需要時間去研思討論正確方向；需要集思廣益去建構課程脈絡；需要醞釀似懂非懂的素養導向內涵；需要衝撞眾人抱守的個人教育專業，實踐「上下串聯，橫向統整」的思維。盱衡整個世界的教育趨勢，思維如何落實新課綱的理念和精神，培養學生具備三面九項的核心素養並能在生活中實踐，確實是一條艱辛的道路。

　　本校自一〇六學年度下學期開始就在校長詹建華的親自帶領下，未雨綢繆的先從學校目標願景、學生圖像、學校SWOTS分析、教師專業人力及學校資源盤點、教師公開授課、共備觀議課等面向，作為教師晨會後之教師專業對話及週三下午教師進修的研討議題。

　　一〇七學年度更申請了教育部協助偏鄉活化教學計畫，在總綱宣講及理念深化部分，本校利用寒暑假期間邀請了臺中教育大學課程與教學研究所謝寶梅教授蒞校指導，謝教授以新課綱實施準備──活化教學為題，引導本校教師從宏觀的角度看新課程準備工作，並點出認同活化教學是新課綱適性教育的基礎，並非換湯不換藥，而是淬鍊，課堂活化教學的實踐作為是素養導向教學的具體落實，以學生為主體的教學及評量多元化，讓每個孩子有發展舞臺才是新課綱的理念精髓。

　　另外，在課程實務操作部分，則是聘請苗栗國中湯秀琴校長當本校的長期諮詢委員及帶領本校教師明瞭校訂課程大、中、小系統的操作概念與配合本校所屬區域之特色做一全面的發想與規劃，並釐清多元教學設計應以美國心理學家迦納（Howard Gardner）多元智慧的理論為基礎，顧及多元的教學目標，起點行為，教學活動，學習評量等四大層面，對於呼應核心素養的多元課程教學設計的講述與實務解析也讓本校教師獲益匪淺，在跨領域的課程教案設計上，有了更多的動能與啟發。

二 ｜ 凝聚團體共識與建立共同願景

（一）深化目標願景，建構學生圖像

　　一座高樓的興建需要有建築師繪製設計藍圖；要有結構技師分析建築物所使用的材料，勘查地基強度，監督工程進行，以確保建築物符合結構設計；也要有水電師依照規劃設計圖說，確保整座大樓的水電設施完備無虞；要有泥水師細心的使用鏝刀粉光表面並修飾隅角的真功夫；更要有油漆師一底兩度粉飾太平的細膩手路。而新課綱的實施過程中，學校裡的每個人，上到校長，下至工友先生小姐，其實每個人在這新課綱的浪潮下，

每個人都應該像蓋座大樓一般，責無旁貸的扮演好自己的角色，以求最後做出來的成品趨近於完美無瑕。

　　基於上述所論，本校採用SWOTS分析法將學校的S（優勢）、W（劣勢）、O（機會點）、T（威脅點）、S（行動策略）搭配校園環境、學校規模、教學設施、師資結構、行政、學生、家長、社區等八大向度，利用教師研習時間，逐項討論並形成共識後，了知本校雖校園景色秀麗，具客家農村風情且校園面積寬闊，有合適活動空間，學生平均分配空間充足。且在校舍補強完成後，設備更新，班級單元教學設備也非常的充足。然因地處偏遠，學生文化刺激少加上單親及隔代教養比例偏高，導致學生學習動機不強，自信心低落。幸本校極力爭取爭取公有及私人資源投入，形塑窗明几淨、綠樹如蔭之校園，並嘗試發展食農教育，除再塑教師專業外也努力落實校訂課程，爭取家長認同以吸引學生回流的具體有效分析之後，再透過盤點學校人力及物力資源及環境，發現學校教師的平均年齡及學識涵養均位居中上之屬，學校職員也是具備多項第二專長，如果能夠適時投入並協助課程的進行，那將會是如虎添翼，讓課程的發想與實作過程更臻於完美。在全體教職員經由團體覺察並明瞭到學校校訂課程未來明確的目標及方向之後，本校校訂課程前進的腳步似乎突然間飛快了起來，完成的信心也更加堅定了。

　　以人為本的教育環境，重視學生知識的啟迪與適性的發展，在自發、互動、共好的核心理念支持下，本校教師瞭解到教育的重要價值在促進學習者主體生命之開展與完成，在協助個人得以超越被命定的框架，而開創另一種可能性；體認到學習不在只求自身的發展，而是要朝向「以生命為中心」思考，這其中包括自我生命、他人生命、社會生活及自然環境之間圓滿完整的追求與實踐。本校學校願景就是基於十二年課綱的精神與理念，在審視學區背景的需要，兒童適應未來生活的關鍵能力後，在眾人集思廣益下將發展願景設定為「勤學、合群、懷德、創新」。其中的勤學定義為學無止境，溫故知新，奠基終身學習的態度；合群是群策群力，團隊合

作，互相包容與成長；懷德是為培養孩子以仁愛之心來處事待人接物，追求崇高品格而努力；創新則是提出有別於一般的思路與見解來改進、創造新的事物，以適應未來生活。再者，關於文峰學生圖像的想構意念，文峰兒童圖像是不斷的向自我挑戰，不停的跟自己賽跑的愛知者：在知識方面，希望他們讓頭腦動；在技能方面，希望他們讓雙手動；在態度方面，希望他們讓心感動；在人際關係上，能時常有感情流動。

（二）突破傳統窠臼，轉化課程風味

　　根據心理學大師桑代克（E. L. Thomdike）的學習理論，教育是在「嘗試錯誤」的一連串歷程後，終於使得刺激與反應之間產生正向的連結，學生的學習過程如此，教師的教學亦復如是。一個人處在一個舒適的環境久了，難免會有安逸的心態，同樣的家居擺設，就算是整間屋子堆滿了看起來很需要，實際上卻是不需要的雜物時，因為慣性的思考及內外控歸因的失調下，常會變得裹足不前，甚至失去了前進的動力及改變的勇氣。同樣的，當一個老師在一所學校服務超過十年，每天熟悉的開著車在學校與住家間往返，日復一日的看著學校的一草一木，卻從來沒有發現它們已漸漸茁壯，慣性的教學步調，處理著每年大同小異的週期性工作，例如校慶運動大會、畢業典禮等學校重大的活動，行禮如儀的過著週一到週五的日子，學校派研習時就去，沒有指派也很好，除了舟車勞頓之外，回來學校還要趕課，反而更累；沒有人和你討論事情時，可以沉默一整天直到夕陽西下，有人和你聊上幾句，可能話匣子一開，連下班後都要接續白天未完的話題，最後非得要聊到哈欠連連，還要相約隔天未完待續。這樣的工作環境，有人喜歡，最好是直到退休都不要改變，有人不喜歡，汲汲營營的想要去做一些不管是制度或是結構上的調整，甚至大刀闊斧，想要立竿見影。這一切的一切都是為了「突破」二字，有人想改變，有人不想改變，因此，思考傳統與改變之間的拉鋸，要如何達到一個平衡點，有賴領導者發揮智慧與影響力方有所成。

　　傳統有太多的沉痾束縛著我們的人，也牽制住我們的心，箝制我們的思考與改變的勇氣，在敢與不敢之間糾纏著，怕別人異樣的眼光，怕同事次級團體的排擠，怕校與校之間的比較，更怕的是，自己有沒有能力和體力來面對或荷擔這一波十二年課綱的挑戰。而文峰國小一路走來，一年半的辛苦過程，想像會發生的事都發生了，沒有想到會發生的也發生了，因為所有想過與沒想過的全部都發生了，那又何必為了這些「無常」而失落呢？「先做就對了！」，校長就這麼率性的說出口，而且要一到六年級全面實施，因為大家都是團隊的一份子，每個人都應該貢獻自己的一份心力，先做與校田有關的自然課程，然後試著跨領域去安排課程的內容，我們的目標不是完成所謂的大中小系統後，然後就志得意滿的以為這就是課程的設計，其實還早呢！在大家努力完成學校整體課程架構之後，每一節課你要上什麼？大概要上些什麼內容？是否符合核心素養與教學目標的要求，以致將來不管誰來教，都能夠看著你設計的教案，理出一套完整的素養導向教學路徑與思考邏輯。

　　天啊！這一番話真是有如晴天霹靂，真的是會讓人從背脊開始發涼，然後一路冷到結束那一天。按照大家共同討論的校訂課程節數分配，低年級每週三節，中年級五節，高年級六節，所以全校共要設計一一二〇節的簡案，平均每個教師要設計約一〇〇節，一年半的時間肯定是困苦難熬囉！不過，大家事後回想，全縣都要做校訂課程，又不是文峰獨享，既然大家都要做，那提早一點做，寧可當雞首也不要當馬尾，況且大家都做，彼此都有照應，課程要上下連貫，左右統整時也有同仁可以商量討論，未嘗不是一件好事，如果只是從一年級開始做起，那誰要教一年級呢？到時如果重賞之下也肯定不會有勇夫出現，那同事情誼會不會因為校訂課程要誰做而破壞了呢？就這樣，大夥卯足了勁，一起動了起來，動得真是徹底，也動得淋漓盡致，兩週一次的校訂課程分享討論與實作，思著、想著、撐著，做著的都是校訂課程，縱使沒有拋家棄子的苦，也會有腸枯思竭的愁，明朝文嘉的今日歌，「今日復今日，今日何其少！今日又不為，此

事何時了」，真是寫到文峰團隊的心坎裡去了。

三 | 教師專業成長與多元課程設計

(一) 戮力專業共學、成就課程圖像

　　常有教師自嘲，現在的老師是以二、三十年前所學到的知識來教現在的孩子去適應未來的生活，那然後呢？身為一個教師，總要想想辦法解決吧！難不成要集體弱化，然後撐到自認為時機成熟時，卻誤了一群群從你手上溜過的孩子。想起了胡適先生《三味藥》一書中送給年輕朋友出社會的三帖防身藥方，第一味藥叫作「問題丹」，第二味藥叫作「興趣散」，第三味藥叫作「信心湯」。胡適說，每個人離開學校之後，總得帶一兩個麻煩而有趣的問題在身邊作伴，活的學問、活的知識，都是從實際困難或理論上的困難中得來的，而學堂裡的書，儀器，先生，不能跟我們走。但是，問題可以跟著我們到天邊，對這些問題，立志要在幾年之內解決它，成功便在不遠處。這三帖藥的深層啟示，恰好給自嘲的事情上指引了一條明路，想我文峰教師團隊的圖像與品牌的建立，這就是個問題丹；翻箱倒櫃，上山下海，將模糊的概念轉化成具體可行的策略及做法的歷程，那就是興趣散；一年半的時間完成全校校訂課程的建構，吾心信其可行，雖移山填海之難，終有成功之日的發心，那就是信心湯。

　　好一幅文峰教師的具體圖像，那總有規劃的進程與檢視的標準吧！沒錯，除了專家學者的支持與陪伴外，搭配教師專業學習社群與活化教學計畫性的推動，按部就班的從總綱宣講與深化、學校背景分析、願景與學生圖像建立，教師專長與學校資源盤點到課程大、中、小系統邏輯性的思維推演與實作，最後到教師一堂課、一堂課的教案撰寫，乃至素養導向教學與評量的觀念釐清過程。文峰校訂課程從一○六學年度下學期，又稱為文峰校訂課程懵懂期，在這期間懵懵懂懂，憑著核心工作團隊有限資源與自我想像的努力下，先構思校訂課程的雛型，提供各設計教師作為參考的依據，並完成各年級與大自然交朋友的初步教案設計；一○七學年度上學

期，又稱為文峰校訂課程豁朗期，在此期間接續懵懂期的設計內容，經由專家學者理論的講解與實務操作的帶領下，調整與修正校訂課程的方向，在此期間開展出與大自然交朋友、我們都是一家人、書中自有黃金屋、阿基米德的沉思以及秀才能知天下事等五大漸趨成熟的主軸核心課程；一〇七學年度下學期，又稱為文峰校訂課程成熟期，在此期間經由專家學者理論與實務的再釐清與諮詢辯正過程，以及教師定期分享討論與校長定期檢視並提供修正建議的結果，不管在課程的連續性、統整性、繼續性上都漸趨成熟，爾後只要經由微調，就是一套符合以學生學習為中心並兼顧地方特色也融入在地生活情境的優質課程了。

（二）點燃教學熱情、開展多元智能

　　化學式的反應通常都會在催化劑的加入後進行得更加快速與順暢，那學校課程的設計與實施的催化劑是什麼呢？開啟一只寶箱，需要一把特製的鑰匙，那開啟學校課程的鑰匙又在哪裡呢？而點燃教師心中那把教育火苗的引子又從何處尋覓？美國管理學家彼得提出的木桶原理，其主要的概念是組織如同多塊木板構成的木桶，其價值在於其盛水量的多少，但決定木桶盛水量多少的關鍵因素不是最長的木板，而是那塊最短的木板。這就是說任何一個組織，都會面臨的共同的短板問題，長者自動自發，稍加以提醒就可以把事情做好做完；短者被動消極，再三提醒後勉強將事情做完，卻是丟三落四，需要團體有人出面收拾殘局，而短者卻自我感覺良好，以為自己做得很圓滿，因此，團體中的短板者的作為與不作為，往往決定整個組織的水準。

　　一〇六學年度下學期在校長的帶領下開始投入校訂課程的前置作業，腦力的激盪與盤根錯節的思維讓老師們略顯悶悶不樂，到底要怎樣做才會符合期待？「轉化」二字很重要，要把握這個大方向，先要從老師的根本態度及價值信念改變做起。在一個團隊裡，決定戰鬥力強弱的不是那個能力最強、表現最好的人，而是那個能力較弱、表現稍差的落後者。因為，

最短的木板在對最長的木板起了箝制作用，決定了這個團隊的戰鬥力，影響了這個團隊的綜合實力。不過短板是個有機體，它是活的，是可以經由思考、再學習與其他增強方式來讓短板長高，這樣的過程不就是將教育的熱情點燃了嗎？所以想方設法讓短板達到長板的高度，解開箝制作用的枷鎖，讓每個人都能人盡其才外，還要能與他人團結合作。因此，在前置作業盤點人力資源就顯得很重要了，如果學校整體規劃的校訂課程內容，都跟學校教師的專長大相逕庭，需要引進大量的外聘師資來協助課程的實施，或是僅有少數教師特有的專長，那對課程的設計與將來的調整會是相當危險且棘手的事。因此，文峰團隊在盤點師資人力時就非常的小心謹慎，確實考量到每個教師的專長興趣，以免課程發展的進程產生不確定性的因素，影響到未來學校長期經營的方向。

四 ｜ 深耕在地特色與共享知識成果

（一）敬順天時節氣，強化土地關聯

　　十二月中，天氣漸漸轉涼，些微的寒意湧上心頭，配合校訂課程的進行，該是可以下田挖番薯的時候了吧！路邊賣烤番薯早就傳出陣陣逼人的香氣，讓人不禁垂涎三尺。校長和幾位行政人員扛起了鋤頭來到了番薯田，嘗試性的試挖一小塊區域，結果真是令人喜出望外，可以挖了！可以挖了！全校突然一陣莫名的興奮，感覺比天女散花還要高興，枝頭的小鳥以及天上的白雲彷彿也在為我們喝采一般。挑了個良辰吉時，各班老師帶領著學生，手握小鋤頭，腳穿小雨鞋，頭上戴了個學生帽，歡天喜地的來到了田裡。別急！別急！先由校長統一講解挖番薯該注意的事項後，老師們就開始指導學生並按照校長教的方法，一步一步的把沉睡在土裡將近四個月的番薯一個一個的挖出來，番薯真的長得很不錯！全校學生七手八腳的把整塊田很快的翻了一遍，直到確認再也沒有番薯可以挖了，才依依不捨的回到了學校。

　　看著學生心無旁騖的挖著番薯，真的打從心裡感覺認真的孩子最可愛

了！難怪老師會用「番天薯地」的諧音來為這個校訂課程下標題。回想當初是因為有老師發想提議將番薯寫進校訂課程中，一陣童心突然升起，想不到造就了現在課程真實的呈現，但是要從何入手？要怎麼種呢？老師們你一言我一語的說個不停。是把番薯埋在土裡面，然後澆澆水，施施肥，它就會自己長出番薯嗎？學校的老師除了校長之外，沒有人的家庭背景是務農出身的，那就只好請有農事背景的校長來帶領我們種番薯吧！把這當成校訂課程的內容肯定能夠引起學生高度的興趣，有得吃又有得玩，應該是不錯的決定，番薯是要育苗的，三月中左右種番薯，讓它的番薯藤長出並蔓延開來，直到八月初左右，剪四到五個節點的番薯藤，鬆另外一塊地並且打田成壠，再用「扦插」的栽種方法將它順著生長的方向種下去，不用澆太多水，但要耐心等待，直到四個月之後就可以收成了。聽完校長解釋要如何種番薯的過程後，大家突然不語，個個瞠目結舌，算一算，種番薯竟然要從三月忙到十二月，天啊！是誰出的餿主意，要吃烤番薯直接去路邊買就好了，現在騎虎難下了吧！

　　每當回想起那位老師知道自己誤以為番薯的長成是種了番薯生番薯的驚恐表情，仍會有噗哧一笑的衝動，不過畢竟是當老師的，不懂就會主動去學習，學校裡也有許多教學夥伴可以商議討論，因為文峰是一個團隊，與社區也能保持密切的聯繫，老師彼此之間都能夠做最好的支持者與傾聽者。老師如此求知若渴的慾望，不但激發了孩子學習的動力，無形中也提升了自我鞭策與自我激勵關於番薯的大小事都要瞭解的雄心。到現在不但能夠侃侃而談種番薯的點點滴滴，也能寫進與學生生活情境貼切的教案，多麼活潑，也多麼生動有趣的教案內容啊！番薯採收後要放在乾燥通風之處一到兩週，目的是為了讓番薯的本身的水分散失，所以它會變輕，但是它的甜度會變高，口感變得更加綿密；羨慕夜市美食地瓜球嗎？做成地瓜球需要先將地瓜蒸熟，然後調配適當比例的木薯粉與水，然後像揉麵糰一般，充分的揉製成均勻狀態，這其中包含了如何使用電器用品及數學比例調製的教學，也包括植物的種類與成長過程的教學，加上老師發給學生的

閱讀文本，當然也有團隊任務表現的展示，如果再全程用英文來介紹製作的步驟，然後指導學生利用平板照相或錄影，剪接後製做成各組的教學影片分享，最後在如親職教育的場合中公開播放學習成果，這不就是扎扎實實的跨領域素養導向教學了嗎？

（二）激盪校際火花，提升專業內涵

本校地處偏遠地區，學生文化刺激不足，本校校長詹建華於上任之初，深知文化不利地區兒童的競爭力不足，每每於相關會議中勉勵教師，「讀萬卷書，行萬里路」，除了課堂的講述外更應積極開拓學生的視野，讓學生有更多的機會去印證課本上學到的知識。十二年課綱中關於素養導向的學習中也明白揭櫫，學生的學習應與生活環境結合，以彰顯全人教育之目標。值此教改思潮之際，老師要能成功扮演三面九項的推手，除了深耕十二年課綱的專業素養外，也要拓展學生的視野，充實學生的知識內涵。因此，本校透過師生參訪交流活動、提升教師教育新思維，並拓展學生的學習視野與豐富生活經驗，以落實力行核心素養之目標，讓學生能實際印證所學，增廣見聞，且於生活中實踐，也經由校際交流活動，觀察並學習他校發展重點與特色，以提升本校師生專業與知識內涵，為將來本校的長遠經營與發展，吸納更強的發想與設計能力，讓教育的希望在文峰起飛，夢想在文峰實現。

文峰的校訂課程主軸是以校田為發想的起點，凡是與洛神花或瓜果蔬菜有關的內容，像是地區人文特性、氣候、土壤、種植，收成、行銷、品牌設計等相關的議題，都可以經由主題統整的概念，一一呈現其脈絡。在可實踐性討論探究時，從天馬行空的發散思考，到聚焦於閱讀、數學、自然、資訊、國際教育等五大主題探究課程，最後精緻化的產出素養導向為主的教案內容與評量設計。而此次有緣作校訂課程參訪交流與觀摩學習的大南國小，則是以親土地、拓視野、愛閱讀三大主軸，延伸且持續修正課程架構，以課程現在進行式的概念，發展出多樣且值得作為借鏡的學校活

動課程。所謂他山之石可以攻錯，看看別人，想想自己，經由校訂課程的交流觀摩中，可以找到更多課程設計的靈感，激盪出更多活化課程的火花，讓孩子都能從設計的課程中體認到親土、親人、親自然的真諦，並激發孩子的生命力、生活力和自我教育能力，讓每個孩子的獨特性都能發揮，然後以「對己真實」「對人有愛」結合「對世界關切和好奇」，營造出充滿「愛」與「歡笑」的校園環境，因為我們的努力，許孩子一個璀璨亮麗的人生教育願景得以實現。

五│師生創新共好與傳承文化印記

（一）蟄伏破繭重生，羽化展翅翱翔

後現代主義知識論的翹楚李歐塔（Lyotard），對於十二年課綱的推動深具啟發的意義，他的反對後設論述、語言遊戲、去合法化、知識性質的轉變等四大論點支持異質與多元，尊重各種論述間的差異，並透過論述間的差異來發現與創造知識，擺脫單一化、中心化的狀態，改以接受多元、異向、變化、解構、重視人與自己之外的事物等意識觀點等多元化的價值觀，對於引領本校校訂課程的中心思考概念，提供了絕佳的質變基礎。另外蘇聯心理學家維高斯基（Vygotsky）的鷹架理論也給了文峰團隊設計課程時一個新的思維模式，提供孩子鷹架，讓他在近側發展區的成效達到最大化，而教師在課程設計時，行政端適時提供教師鷹架的支持，找經費，找資源，將第一線老師不安的心安好，再來就是運用團體動力學的激勵原理，思考如何能讓大家都跟上進度，思考著在單一鷹架的左右，搭上其他能夠讓教師設計課程更順暢，想法更多元的鷹架時，教師的想像力與爆發力是會讓人讚嘆不已的。

一位老師在「書中自有黃金屋」的跨領域課程設計中，以學校的那一畝田地配合二十四節氣的變化，規劃出六年級上下學期共四十節課的教案內容，在一次的精進教學教師學習社群分享中，利用一個小時的時間向全校老師報告整個概念的發想過程。她從春耕、夏耘、秋收、冬藏的老祖先

智慧中，架構出跟著節氣過生活的課程脈絡。三月時節春寒料峭，萬物因為春雷聲動，大地一片朝氣蓬勃，所以設計出「跟著節氣迎新春」課程；清明時節雨紛紛，路上行人欲斷魂，為什麼要掃墓？掃墓的五大禁忌是什麼？客家人將掃墓稱為掛紙，閩客原乃至新移民，不同的族群對於慎終追遠又有什麼樣的差異呢？「清明掃墓知多少」這個單元的設計絕對顛覆我們慣性的教學內容；到了夏季，立夏、小滿、芒種、夏至、小暑、大暑六個節氣的更迭，你有聽過小滿後，適合吃的六種苦菜嗎？小滿後為什麼不要稱為大滿而是芒種呢？還有吃粽子、划龍船、鬥蟋蟀的民俗活動的設計，也是會讓學生驚呼連連；柚香添秋色，秋分可立蛋，彩繪上柚真有趣，秋詩篇篇引鄉愁，霜降柿餅能潤肺，九降風起紙鳶揚，好一幅詩情畫意的秋天課程設計啊！到了冬天，教你果樹修剪有訣竅，冬剪夏剪須知道，立冬吃餃子，冬至吃湯圓，佛祖成道臘八粥，最後用二十四節氣小卡完成學生的表現任務，全案貫穿，一氣呵成，旁徵博引，毫無冷場的課程設計，真的看到了文峰課程不一樣的風光！

（二）跨越阡陌縱橫，迎向晨曦燦爛

　　沒有種不好的莊稼，除非找了不會種的人；沒有完成不了的校訂課程，除非找了無心設計的教師。莊稼的栽種要順應天時氣候，夏天種植瓜果類，冬天種植葉菜類，還要注意蔬苗與有機肥料的施放。不知道氮肥的功能在長葉子及製造葉綠素，以供光合作用產生碳水化合物，怎能增進作物的產量？不知道磷肥主要的功能在能量的製造和運移，對開花及結果會有較大的影響，如何能在適當的時機供應足量的磷肥，以保花果豐茂？不知道鉀肥主要的功能為維持細胞內電解質平衡，且為蛋白質合成及五十多種酵素催化作用所必需，怎又會使作物莖幹強健，增進作物抗病、抗蟲及抗逆環境。在阡陌縱橫之間，身為一個專業的農事達人，其所具備的專業知能，不管從氣候、土壤、天氣、溫濕度變化乃至用肥、用藥、土地正義、蟲害防治缺一不可。同樣的道理，只要教師有心，這些相關知識的獲

取與熟練度雖然可能不及專業農事達人，但用心做久了，總有一天成為專家。教師不是什麼都會，但是要有什麼都想學會的雄心，在面對學生的時候，能夠當一個適任的引導者，引領學生一個正確的方向，幫助學生建構一套完整的思考邏輯與情境脈絡，讓學生能夠樂於學習並享受學習帶來探索求知的喜悅。

　　你知道洛神花的祕密嗎？好一個大哉問，不過是毫不起眼的經濟作物，有什麼祕密可言。你知道洛神花是吃花萼嗎？你知道洛神花的花色在早上的時候會隨日照的強度而有深淺不同的變化嗎？你知道洛神花有白色的嗎？你聽過洛神仙子下凡塵的故事嗎？宋儒張載言：「不疑處有疑，方是進已」，沈復在〈兒時記趣〉一文中也寫道：「見藐小微物，必細察其紋理，故時有物外之趣」。在設計校訂課程時，如果一直在學理上打轉，有時反而無法突破窘境，如果換一個角度思考，用「童心」來設計課程，那肯定能夠讓你文思泉湧，欲罷不能。洛神花的生命力強韌，除了採收的時候需要大量的人力外，平常時不需要特別照顧，採收時節雖然比較費工，但是可以做成相當多的加工製品，像是洛神花果乾、蜜餞、果醬、餅乾、冰淇淋……，學生對吃的東西總是興致高昂，而這正是校訂課程很好的切入點。本校的英文老師靈機一動，在校訂課程的設計上發揮了令人驚豔的巧思，設計出從洛神花育苗、種植、生長要素、加工食品、食譜設計、酸甜黃金比例換算、行銷、優惠折購計算等一系列橫跨自然、數學、國語、資訊、藝術的課程，最後利用英文來展示簡報、小書、及影片製作的成果，其利用學校特色作物且貼近童心的設計概念，經過課程試行的結果，發現讓學生連結到與學校有關的情境脈絡時，學生學習英文的動機會變得更強，學習表現也明顯的提升，洛神花儼然成為學生最喜歡也最自豪的學校特色品牌了！

參 省思與未來展望

一 願解教育真實義

　　常言道:「身在公門好修行」,教師要在社會、經濟和科技的劇烈變革下依然挺立,就必須不斷的充實並強化專業知能,才能在教學工作上勝任,而教師終身學習者的概念也是文峰校訂課程的發想與實作過程中的最高指導原則,因為教師不斷的學習如何更有效率去學習,在設計教學課程的過程中,自然而然就會將這樣的價值信念與態度潛移默化到學生身上。天下武功唯快不破,政治人物唯真不破,那第一線的教師呢?若真要下一個註解,那「唯勤不破」四字或許會比較貼切,所謂的「勤」字有三義,第一義是要有為天地立心,為生民立命,為往聖繼絕學,為萬世開太平的壯志,那股勤勉不懈於人、事、物的「勤心」;第二義是要極善思維,用積極正向的思考模式,有著捨我其誰,責無旁貸之心,團體成員密切配合,在身和、口和、意和的大原則下,積極密切的用專業的語彙與教學技巧,集眾人之智慧,而成「勤思」之功;第三義則是要「勤做」,所謂坐而言不如起而行,空談些不切實際,不著邊際的想法而不付諸行動,久了勢必會怠惰,正所謂業精於勤而荒於嬉,只要肯跨出第一步,就像本校一年半前的那一念間的悸動一般,而今雖不中亦不遠矣的甜美果實收成,教師一念間的自知,然後知他,教師一念間的自覺而後覺他,教師心心念念在自覺覺他之時,學校怎會萎縮凋零,學生豈有學習不來之理。

二 攜手同行建真情

　　神話學大師坎伯(Joseph Campbell)在《千面英雄》一書談到英雄因為某種命運的安排,需要脫離原來的普通世界,進入不可測的冒險國度,期間會經過冒險的召喚、跨越第一道門檻、試煉之路……等十二個英雄之旅的轉折過程,要當英雄的最大關鍵就是克服內心最大的恐懼。回想文峰

國小這段時間以來，校訂課程的建構路程其實就是英雄之旅的歷練過程，是一種學習去克服個人及團體內心最大恐懼的歷程；是過去的我與現在的我在經歷凡塵滄桑後與自己深層對話的歷程；也是個人智慧與集體智慧衝突與平衡的歷程。當這些溝通、理解、表達、宣洩的方式，達到一種和諧圓滿的狀態時，教師內心深層的那一個充滿教育熱情，充滿教育愛的「本我」就像被召喚出來一般，智慧之光倏然顯現，一個有別以往的校園風貌，用愛和專業堅定的扶持著每一個孩子的多元學習與創新的課程於焉開展。孩子的生命力、生活力、移動力、探索力以及自我教育能力的激發與天賦潛能的自在成長，讓學校處處充滿盎然的生機。「文承千載聖賢，日出遍照東峰」，前清舉人吳子光耕讀於樟樹地區雙峰草堂，一時之間文風鼎盛，名士雅流，絡繹不絕，文采登峰，蔚為風氣。爾後本校師生當凝聚共識，全力提升教育品質，營造友善和諧之校園，揚帆啟程，齊心協力，培養與時俱進的全方位人才，為實踐十二年課綱之終極目標持續精進前行。

教師組
Teacher
Group

一切都是這麼自然
——從長篇小說到自然科的閱讀式分組合作學習

烏眉國中　　董愉玫
頭份國中　　朱紹文

壹　心動的感覺

教育要改變，就從教學的改變開始。在教師彼此的討論中發現曙光，發現不一樣的自己，展現各種教學的可能與不可能

翻閱孟君校長贈與的《翻轉教育》一書，文中的一段話寫到⋯⋯
「課堂裡老師認真寫著板書，聲嘶力竭拿著麥克風從頭講到尾，台下的孩子沒有發言、沒有表情⋯⋯。」

驚覺自己的教學思維及模式與三十年前雷同，教學現場總是落入單向的「你教我聽」的窠臼中，學生的學習興趣與自信非常低落，對學生而言，學習，是一種沒有樂趣的「勉強」。

翻轉教育以「連結改變教育的力量」為初衷，教師要如何以這樣的改變去激發學生的學習興趣與動機？該用什麼方式激勵學生認真學習？應該做哪些改變，才能幫助孩子更有適應未來社會、實現自我的能力？

　　正苦思如何在課堂上進行有效教學？如何讓學生從課堂中進行體驗學習？如何得到教學最大效益與效能？學校同仁不藏私的鉅細靡遺大方的和我分享自己的分組合作教學經驗，並且出借給我吳韻宇老師蒞臨本校指導——長篇小說閱讀公開觀課教學影片，我思索著，當世界各國的教育都在轉型為「以學生為中心」，看重學生「如何學」，多於老師「教什麼」，我也需要改變自己的教學思維與模式，將投注在填鴨記憶的精力，轉化為培養學生獨立思考與解決事情的能力；讓自己成為學習的「引導者」，幫助學生擁有終身受用的學習方法和策略，以因應新時代與新需求。在閱讀探索過程中，發展自我閱讀策略，亟需仰賴學校教育介入及協助，面對這樣的課程改革和學生的學習成就現況，我該如何面對教育的挑戰？我想只能透過豐富完整而多元的方案規劃，創意翻轉而深度的課程設計，才能引導孩子進入充滿想像、驚喜不斷的學習旅程，以課程翻轉的概念出發，透過課程翻轉，讓學生的學習更有創意，進而提升學生的主動學習動機。在課程設計及教學策略上，讓學生以自主學習來完成，而「應用」、「分析」，以及「評鑑」與「創造」等較高階的能力，也可藉著課堂上教師引導與同儕互動的思辨討論與合作學習，來達成教學與閱讀素養的目標。

貳　別人的戀愛經驗談

　　教育部為教師安排許多創新教學教師精進課程研習，但苦於學校教學進度壓力，而無法參加，或者報名參加了研習，演講者往往只是在研習中天花亂墜的說著完美的教學理論及教學成果，聽完課程，只是學習到一個很籠統模糊的概念，仍然不知道該如何在自己所教授的領域裡操作及如何活化自己的教學，更遑論創造自己的教學亮點。

　　觀看韻宇老師的公開觀課教學影片後，影片中完整且清楚的說明課程施行理念及方法，並且讓觀課老師見識到完整與詳細的教學現場操作細節

與發展，每一個操作步驟都是那麼清楚的說明與呈現，我終於比較清楚的建構了分組合作學習的概念圖。配合憶婷老師的自然科閱讀理解策略與探究教學法，需先對學生施行說明文閱讀理解策略學習法教學，從培養學生對於閱讀自然科文本的能力著手，當學生能夠正確掌握與瞭解自己所閱讀文本的文意時，才會有意願及動力去做更深層的探究，如此才能將學習的主動權再回歸到孩子身上。

本次課堂教學觀摩課程大致分為三個步驟進行：（一）自學課程：先進行異質性分組，此步驟的操作重點在於學生的課前自學，學生必須運用閱讀理解策略先從文章中廣泛理解出本文架構，並且能夠從文章中擷取本文要傳達的訊息，接下來能夠推理文章的發展，最後進行本文形式的省思評鑑。（二）基礎課程：主要的課程任務為先讓所有同學靜讀文本重點，接著每位同學需在小組內先進行個人報告，然後再由全組同學進行討論，接下來將討論結果繪製出文本架構表（圖），此架構表（圖）不拘任何形式，然後再由各組推派一位同學進行發表。（三）延伸課程：進行拼圖式合作學習，讓原屬分組同學先進行學習小組研讀，然後將每小組負責相同部分的同學聚集一起，進行專家小組討論，然後同學再回到原屬組別進行原屬小組報告，最後再由教師進行回饋。

透過這一場公開授課活動及國中亮點教師教學分享，讓我省思自己的教學歷程，唯有嘗試改變自己的教學模式，才有創新與精進教學的機會。首次將閱讀教學融入自然領域，期望能探索出自己的教學亮點，從新啟動學生的學習動機，讓學生帶著「想要解決問題」的意識進入課堂，之後再有系統的組織、引導學生對於陳述、理解與掌握知識，繼而引導出學生對於課堂的主觀能動性。

參 換我當主角
——自然科的分組合作學習教學實驗

　　本次閱讀式分組合作學習教學，我選擇以七下自然與生活科技（生物篇）中「人類與環境」為題來進行，本單元是以環境保護與生態平衡為議題，在施行自然科的閱讀理解策略教學後，七年級學生已具備足夠的閱讀理解能力，對於課本的內容文意是可以完全理解的，所以讓同學透過課前閱讀自學來完成拼圖式合作學習。分組合作學習的進行是需要時間的，教學現場上的進度也是緊湊的，因此合作學習的教材內容皆以課程既有的課本、習作為主，也運用閱讀理解中的預測—理解—澄清—思辨—再澄清的討論歷程進行對於自然背景的再概念化，希望透過閱讀策略的歷程強化學生思辨能力。

一 │ 教師分析課文大綱

　　課前先以三一一的日本強震後，位於日本福島的核能電廠發生爆炸，導致輻射外洩，造成日本全國居民及鄰近國家人民恐慌，全球關注焦點的重大危機來引起學生的動機。大自然的各種天災我們無法避免，但由於人類的各項開發建設所導致的危機，我們必須學習如何預防及因應？帶領全班同學找出本章節的分類主題，提示同學每個主題可以思考的方向，並且提點架構表（圖）的種類及寫法，讓同學進行自學之前已具備本文學習的概念與方向。

二 │ 進行異質性分組

　　本次教學課程所採行的異質性分組，是以學生的段考成績為依據，先進行S型分組，然後再根據學生的個性特質進行微調整，讓每一小組成員儘可能涵蓋不同的專長能力與個人特質，以增加同學間彼此學習、指導帶領

互相討論的機會。在課程進行前，先說明課程的進行流程，同學們充分瞭解分組合作學習的教學模式後，要學生分組也要學生合作，請每一小組於課前完成個人的任務分配及小組組內發表時同學的發表順序安排。

三｜學生自主完成自學教材

學生感受到必須在小組內發表的壓力或者小組同儕所施予的關注，在榮譽感及成就感的驅動下，大部分的同學在課前已經能夠完成課文重點畫線、重點摘要，自主性的完成閱讀教材。

本次課程主題為環境保護與生態平衡，這已是世界各國不遺餘力在大力推動的議題，網路上必定有很多相關資訊可以查閱，所以商請資訊教師張文峰主任協助，於資訊課時教導學生如何使用網路搜索引擎，如何篩選網站，如何擷取有用的資訊，讓同學們學習蒐集有關本課文的補充資料，如此學生不再只是被動的接受知識，而是需要參與知識建構的過程，除了鼓勵學生主動學習，還可以加深加廣同學對本單元的學習。

（一）小組組內發表討論

小組討論前，先給予五分鐘的時間，讓同學們再靜讀重點，重新整理思緒，在心裡複誦著自己要報告的內容，接下來，每位同學要進行一分鐘的重點發表，組內成員必須輪流站起來敘述，對組員發表自己所摘要的重點；過程中要提醒同學必須互相傾聽、眼神專注，且在同學發表結束時，小組內同學也都要給予鼓勵的掌聲；因為大部分的同學皆務必完成自主閱讀課文教材，所以在發表的時候已經有所準備而能夠言之有物，也因此建立了自己當眾發表的信心，課堂上不再有同學只是站著發呆、傻笑的情況，而是藉由互相討論與學習，得到更多的成效，這是施行分組合作學習，看到孩子們最大的進步。

（二）各小組創作發表

　　當小組組員皆完成發表後，再由小組長帶領所有組員，將本文重點作架構統整，並繪製出架構圖，因為同學們並未繪製過架構圖，所以讓同學自行發揮創意，有些小組參考課外講義提供的架構表模式，有些小組採取筆記式的分層重點整理模式，還有小組畫圖補充說明本文內容，也有小組選擇像課文式的詳細說明，結果不管好壞，都是學生的初體驗，相信再經過幾次的模仿與練習，他們一定更能掌握要領。

　　接下來，再由各組推派討論較活躍的組員上臺發表，一開始站在全班同學面前發表難免會羞怯而詞不達意，但是會在觀摩其他組別發表的時候，學習到怎樣的表現是最好的，所以後面發表的組別，表達能力是愈來愈進步的，在觀察中學習，是學習中重要的方法之一。

（三）同學間的回饋

　　在各小組創作發表後，發給每位同學二張小紙卡，一張寫下發表最好的同學，另一張則選出繪製架構圖畫最棒的組別，並且要在小卡上寫出回饋的意見。整理收回的小卡，發覺同學們的回饋意見並不多，但是都很中肯的指出同學或架構圖的優點在哪裡，透過同學間的回饋，孩子們更能掌握學習重點並享受發表的樂趣與欲望，孩子們期待別人給予的意見，藉由他人的回饋修正自己讓自己能更進步，也激發出下一次施行分組合作課程的熱情。

肆　幸福停看聽

　　以前授課時，總擔心課程內容未全面講授，學生無法全面理解，所以上課以講述為主，但學生已習慣處於接收訊息的狀態，學習動機則越來越薄弱。此次教學實驗將教室中的主角從教師變成學生，讓學生成為教室活

動中的主動學習者，而非被動參與者，這是身為第一線教師在思想上與教學上須做好的準備，促進課堂教學有效性，以因應學生個別差異，才能做到適性揚才的目的。不管是因為新鮮感或者來自同儕小組的壓力，由於同學在課堂之前必須先行完成預習作業，所以課堂上已具備先備知識，課堂時間就可以進行更多的討論。同學能夠自行完成預習工作，必定能從課文中發現自己需要解惑或澄清的觀念，透過同儕小組討論或與老師交換想法，經由比較推論及思辨中，尋找並確認證據，間接也培養出高層次的閱讀理解能力。再者，每位同學都需要對小組成員報告，經由討論發表的同時，學生可以學習在課堂上如何口語表達，並且勇敢的表達自己的想法，對學習有較大的掌控權，也會因此提升學生的學習動機。

雖然分組討論會導致時間很趕、進度緊湊，難免討論音量稍大，課堂秩序也是需要掌控的，教師需不斷耐心提醒同學聲音的部分，但討論活動可以增加孩子們表達的機會，也藉此瞭解同儕的學習方式，進而模仿同儕的學習模式，如此可以減輕孩子們學習上的焦慮，並且減少打瞌睡、發呆等現象。同儕合作學習可以培養孩子們的自信心，提升學習動機、增進學習參與、提高學習興趣，使班級的學習氣氛更加和諧，這些都是很值得的事。課程與教學是學校教育的核心，運用好方法來提升學生的學習表現，更是翻轉教育的重要工作，將學習自主權下放給學生後，能夠讓孩子們掌控自己的學習，學習對自己負責，反而能激發學生的學習動力。課堂上透過同儕間的合作學習，同一學習階段的孩子們用彼此熟悉的語言互相解釋說明，縮短知識吸收內化過程的時間，使學習成效有更顯著的提升，不僅達到「扶弱」的目的，更提升了「拔尖」的功能。

教學的方法沒有絕對的好與壞，需考量教師的教學風格、教學現場的現況、教學課程的內容及學生的學習進展，其中教師的教學風格是可以透過課堂教學的觀察、分享與回饋，學習他人優點以延伸個人視野並進一步激盪多元思考的活化教學，透過教師逐步改變教學來看見每位學生的亮點，讓師生共學共好。透過秋碧組長的教學實務分享與韻宇老師公開授

課、觀課與議課的過程，與自發性參與民間所舉辦的教學研習，經過觀看、討論與實踐來進行個人教學歷程的內省，思索更多課堂教學可以呈現的面向期能促進學生有效學習，自己的有效教學。本次閱讀式分組合作學習教學，藉由不同的教學型態，讓孩子們在學習的路上減少一些挫折，多一些鼓勵，提供最好的教學品質，以提升國中生在自然課程的學習態度。教學沒有最好，只有不斷精進，唯有不斷精進才能提升教學成效，期能精進自我教學呈現有效能、高互動的教學歷程。

伍 分享幸福與喜悅

教學現場的改變要感謝十二年國教新課綱的推動，十二年國民基本教育之課程發展本於全人教育的精神，以「自發」、「互動」及「共好」為理念，強調學生是自發主動的學習者，學校教育應善誘學生的學習動機與熱情，引導學生妥善開展與自我、與他人、與社會、與自然的各種互動能力，協助學生應用及實踐所學、體驗生命意義，願意致力社會、自然與文化的永續發展，共同謀求彼此的互惠與共好。新課綱的實施，讓目前教育的轉型為以學生為中心，讓學生、教師、家長成為學習共同體，需要教師改變教學的思維，轉化為培養學生的獨立思考能力，讓學生擁有閱讀學習的方式和策略，學會主動求知，學會閱讀中的美感與喜悅，創造屬於自己未來的進行式。

教師公開授課是教育現場的趨勢，教師不在是單打獨鬥，而是一個團隊，透過對話討論用什麼方式讓孩子能夠有效學習，運用觀課觀察孩子如何學習，讓老師的對話是貼近教學現場，透過觀議備課相互討論，激盪出不同的教學火花，期許這一切的改變，能為孩子提升更多的學習成效。

首獎

課綱與我的改變
——為了孩子，我踏出的一大步

建中國小　　賴玫卿

　　「現在學校教的東西，跟我們以前不一樣……」、「老師教的方法，跟小時候學的不一樣，我都不知道怎麼教小孩……」、「我很怕我會教錯，只好送小孩到安親班去寫作業。」這是我和家長溝通時，常聽到的聲音。的確，教育改革與新政策的推行，家長們提出：不瞭解為什麼要改變？像以前一樣不是很好嗎？新的教學和評量方式公平嗎？我的孩子是不是要送去補習班補全科？是的，我也懷疑過，新的政策方案、創新的教學方法、不同評比與升學的機制，對學生學習有什麼特別的幫助或改變嗎？

一｜嘗試改變的契機

　　我曾經是個以傳統學科教學導向的老師，我認為成績的優劣表現是學生與老師之間，教與學的共同成果，教師的工作就是努力地讓分數向上提升、各項競賽都有顯著成效，家長滿意孩子的成績表現，這就是我身為教師的責任。隨著時間推移一年又一年、學生一批換過一批，我心中明白，孩子不快樂、我也越來越不喜歡這樣的教學模式。然而，當我的第一個孩

子準備進入小學一年級，我突然驚覺：孩子是否能適應這樣的教學方式呢？他能快樂學習嗎？面對多元、瞬息變化的世界，這樣的學習是否太過狹隘呢？站在家長的立場，驚訝的是，我對於自己的教學方式，並一不一滿一意！

從過去習以為常的教學模式與僵化思考中，驀然覺醒其中的問題，對於一直以來既定的教學工作，心中卻開始感到惶惶不安；就在這樣忐忑不安、戰戰兢兢的情緒中，陪著孩子進入小學生活。我決定主動參與孩子學校的生活與學習，並重新省思個人的教學、檢視自己的教學步調，重新思考：我的教學初衷與理念。

這些年，我嘗試與孩子的導師協同、設計相關課程，並結合學校既有的行動學習方案，指導孩子做校園內太陽光電的專題研究、校門口交通安全的問題討論與解決方法；我們也帶著孩子走出校園，到校外去調查家鄉的獨特產業、體驗在地茶農的辛勞，從戶外活動與踏察中，引導孩子對觀察的目標，做深入記錄、討論、省思與回饋。同時，我也在自己的任教班級中，依據課程內容做適當的調整與規劃，進行與生活情境、時事相關的主題課程。

為了孩子，我踏出了第一步，找到在教學上志同道合的夥伴，一起組成專業對話的社群，為學生尋求一個有趣、豐富的學習方式。就在各項挑戰及困難接踵而來，包括教學課程的規劃與安排、相關資源的搜集與尋求，以及學校行政的配合與支持等，各項事務繁瑣聯繫與解決的過程中，我發現孩子們學習反應的改變、教學夥伴的良性互動回饋，並在教學流程反覆修正測試，逐漸建立了屬於我和夥伴之間的教學默契和協同模式。勇敢踏出傳統教學的舒適圈，持續學習與精進，是件不容易的事，而這一步，證明了自己願意改變、嘗試改變、也能夠改變。

二│課綱在教學之間的反思

我們知道在全球化的變化中，知識更新、改變的速度太快，沒有人可

以預測未來的世界，孩子要具備什麼樣的能力，才能夠符合時代所需。今日的孩子與我們過去生命經歷相比，無可置疑是孩子的未來必定接收更為多元的資訊科技、數位的刺激與整合，承受的則是更多樣的學習競爭、改變的趨勢與壓力。身為教師，必須強化學生的能力，而能力不僅只是學科能力，更是面對未來世界所培養的終身學習的態度與適應能力，而這種能力的養成，確確實實地遠比分數的多寡更為重要。

過去在九年義務教育階段，強調的是知識學習，九年一貫課綱希望學生學會帶得走的能力，如今即將上路的十二年國教課綱，則是希望學生具備素養。十二年國教課綱的「核心素養」是指一個人為適應現在生活及面對未 挑戰，所應具備的知識、能力與態度。從文字與意義中解釋為：培養學生成為一個終身的學習者；核心素養的三面九項，清楚確認終身學習的主體是學生，而「如何培養」具有素養的學生，就是教師的工作與責任。

柯華葳說：「教育改革不可能成為過去式，它是永遠的進行式。」當我們回顧九年一貫課程的「生活能力導向」，邁向十二年國教的「核心素養導向」的課程樣貌，可以知道教育改革必是覺察社會環境的變遷、教育現場的困境，所提出的解決因應之道。在新課綱即將上路的現今，改變是迫切的需求，教師必須嘗試創新與轉變，才能帶著學生從基本知識層次的學習，增加生活情境的應用，提升至學生的自主行動、社會參與、溝通互通的層面。「自發、互動、共好」的學習理念，教師首要營造友善的學習環境，如此，學生有更多與同儕互動學習的機會，沉浸在積極與正向支持的學習氛圍裡，讓學生的學習向上提升、更容易理解所學。

從十二年國教相關的資料閱讀與課程研習中，我用心閱讀、聆聽講師與實踐者的指導與分享，佩服他們接受挑戰的勇氣，從其經歷和克服的種種狀況與難題，思考如何在我個人的教學上進行改變與實務的調整，更從他人身上獲得寶貴的經驗與智慧。「成就每一個孩子，適性揚才、終身學習」，我總思忖著，過去的教學生涯裡，那些曾在班上靜默不語、調皮搗蛋、個性孤僻、多愁善感……的孩子們，是否因老師成績導向的教學，而

漠視了孩子個別能力的優劣、局限了孩子展現自我的空間、更忽略了他們都是獨立的學習個體……。回顧自己的教學歷程，幸而從自己孩子的身上，抓住了轉變的契機，讓我有機會停下來思考，檢視自己，並學習改變。

回首細數自己的教學歷程與轉變，從孩子進入小學開始，我開始嘗試與學校的教學夥伴們，以跨領域的方式統整學生的學習內容，引導孩子主動學習、小組合作、溝通互動，並嘗試和社區產業與生態環境做連結、參與家鄉的各項活動，更結合時事、生活議題，做相關的討論與探究。我的改變，讓孩子們有更多的機會探索生活中的現象與變化，透過體驗提升對學習的熱情與自信，這樣的轉變，竟與十二年國教的精神契合，這個想法激勵、支持著我，在未來的教學生涯能繼續努力、往前邁進。

三｜校訂課程的規劃與實踐

教育部推行的十二年國民基本教育課程與教學方案，這兩年更是如火如荼的在各縣市進行前導式的實行與典範學習。我所服務的學校雖不是前導學校，三年前也在校長的積極領導下，全校教師們重新聚焦，透過SWOTS分析、凝聚學校的願景；更為發展十二年國教的校訂課程，邀請了專家學者，在校內教師進修研習中，進行多次的教育政策宣導與課程訂定指導，並在定期的教師專業學習社群對話裡，由各年級的教師共同討論與安排不同階段的課程內容、整合課程脈絡的連貫性。

在大家共同對話、專業成長的努力之下，從各學年、教學社群中運作進行備課，及同領域的說課、觀課與議課，期望由校本課程與教育新政策的初探中，強化老師的教學專業，也透過學校本位課程發展，規劃從近程「走讀校園」、中程「走讀社區」，至遠程「走讀家鄉」三個階段課程，找到屬於這片土地上、孩子們生活經驗裡，重要且特殊的家鄉元素；課程連結了家鄉產業、創藝、生態，希望藉由課程讓孩子從傳統產業，暸解家鄉文史的淵源與發展。在藝文涵養與創新裡，體驗、感受家鄉之美；在自我

認同中產生行動，進而守護這個美麗的家園。於是教師們積極透過學生社團的學習與展能、行動學習計畫的資訊探索與實作，試圖讓學生在多方面的學習觸探與延伸，對學習產生期待、動力與熱情，想學、能學與樂於學，讓學生在學習過程中，感受學習的樂趣與魅力，進而主動探索、發現問題、解決問題，並展現自信。

理想很美，然而執行過程卻是現實的。「要做課程的記錄、還有表格和資料，事情好像有點多……」、「課都上得有點趕了，如果真要實行，時間不好配合耶！」「主題課程設計的部分，我的經驗不足，要怎麼進行配合協調呢？」校訂課程討論過程中，雖然有不同與遲疑的聲音出現，但學校行政方面對將於一○八學年度實施之十二年國教，依舊按部就班持續進行著相關活動與校訂課程的規劃，邀請有豐富經驗的專家學者到校進行教師增能研習。

當「一○七學年度客語結合十二年國教校訂課程計畫」開始申請時，校長與主任鼓勵、尊重有意願的老師，嘗試進行以「核心素養」為導向的教學，並期望在校訂課程的初步架構下，以在地的客家文化結合十二年國教課綱內容，進行校內的試行，希望在教育現場的實踐中，一步步將校訂課程修訂的更加完善。而本是客家子弟的我，在多年前通過客語中高級認證，所以當學校裡熱情的夥伴提出邀約時，我歡喜接下這個全新的挑戰，加入了此次計畫，這也是我改變的第二步。

進行「客語結合十二年國教校訂課程計畫」前，有關課程綱要、核心素養、課程架構、領域學習等，相關研習與行政宣導，一直在日常教學生活中，持續著接收新資訊。我很清楚的知道，就如同我對自己孩子在學習的選擇與擔憂中看見了：無論是學校的教學活動中，或是社會變遷的氛圍裡，亦或是全球化的時空環境下，「改變」是教育現場與環境必然的趨勢；如何與時俱進、拋開既有的框架，是身在教育現場第一線的教師們，必須積極、共同努力前進的方向。

在相關研習課程的學習中，心裡獲得滿滿的鼓舞與指引，也對於即將

推行的教育政策滿懷著期待，沉浸在美好的期望中。在共同備課中，夥伴們滿腔熱血、共同討論著校訂課程內容，以學校願景「健康、自信、上進、合作、關懷」的五個面向，期許學生在家鄉文化中薰陶，一步一腳印，在自然中啟蒙，用心感受，以獲得永續、詩意、健康、樂活與關懷的幸福感受，並藉由「文史」、「文創」、「生態」三個主題軸中，依據低、中、高三個年段，進行主題課程的安排、規劃與連結。可是，卻遇到了第一個難題：教案怎麼寫？

　　教案，在師範學校時都教過，過去在教學過程中也陸續寫過。但，十二年國教的教案該怎麼寫呢？學習目標究竟如何呈現？課程的活動設計要怎麼進行才算流暢？教學如何設計與安排，才能達到教學目標？什麼樣的教學才算是達到素養導向的教學？這些問題，讓我與夥伴滿是疑惑，雖然參加了教育處、學校辦理的相關研習，但進行客語結合十二年國教校訂課程的教案設計時，真不知從何下手。很幸運的這個挫折並沒有困擾我們太久，學校校長、主任給了具體意見與支持，我們也主動向他校的校長們請益，在前輩們的指導與建議中，我和夥伴們對學習表現、學習內容、核心素養的內涵更為理解，也知道該如何著手進行規劃，並從雙向細目表的兩個主軸中，清楚且有條理的描述學習目標、內涵、檢核與評量。就在專家們不吝指教下，在教學社群的專業對話下，大家的教學戰鬥力瞬間提升，也讓我深刻體會「做中學」，才能讓學習操作者對所學、所知，真正進行整合、理解並實踐。

　　在客語結合十二年國教校訂課程計畫裡，我所任教的二年級，課程以「文史」、「文創」、「生態」三個主題軸，在本學年分別進行的是「校園大觀園」、「老梅有創意」、「桐趣觀魚樂」三個學習單元，其詳細校訂課程內容如下：

主題	遠寮三叉河・「一、」起來Care
課程願景	打造一所以洋溢著健康自信的上進活力，合作關懷的三叉河學校為鵠的，課程願景乃透過優質、創新的Care課程、教學與多元活動，讓孩子擁有健康體能與生活，能自信的展現自我、積極上進、樂於關懷、合作與分享，具有面對未來的活動力、實踐力、學習力、生活力與品格力。
設計理念	課程主題從「Care課程——Culture文史尋根、Art藝術創作、Research生態研究、E-marketing E揚三叉河」的方案理唸出發，進而設計發展出文史河道、文創河道、生態河道等三叉河校本特色課程，開啟在地學子的學習視野與主動探究的精神，最後再進行資訊與英語跨領域學習，行銷、守護與推廣三叉河，用三叉河校訂課程文化生命力敘說學子的學習歷程。
設計理念	三叉河Care課程從在地關懷出發，在實踐中對話、回饋、修正，讓孩子進行生活體驗、生趣創客、生態實踐與生命創發，希冀藉由團隊的努力，發展有深度的在地化課程並深化實施，涵育學生三面九項核心素養，厚植軟實力，讓學生學習與教師教學都更有感，貼近生活生命的共感脈動。

「一、」的涵意	**驛**——文史Culture河道——文史尋根、追本溯源：學生成為人文關懷使者，以融入在地文史的規劃帶動課程發展，從初探校園歷史、發展社會文化，到薪傳家鄉文史，建構獨特的尋根課程。	**藝**——文創 Art 河道——藝術創作、設計自造：整合藝術與科學素養，學生成為創藝鑑賞使者，在做中學創發藝文創作，從藝文創客、食農創客到環保創客，豐富在地創新設計的藝術光彩。	**義**——專題Research河道——生態研究、科學探究：學生成為生態守護使者，以生態探索、生態實作與生態守護，引領教學創新，建構永續的生態觀念，傳承土地永續價值的生命力量。
子題課程	**驛**——三叉河舊山線（文史）	**藝**——三叉河薪傳藝（文創）	**義**——三叉河生態行（生態）
統整主題	校園大觀園	老梅有創意	桐趣觀魚樂
學習單元	1.學校一百歲 2.校園觀察家	1.梅林好詩詞 2.梅香好滋味	1.春季桐樂會 2.一起鬥魚去
課程節數	10節（上學期）	5節（上學期） 5節（下學期）	10節（下學期）

學習目標	《認知》 描述百歲學校歷史、建築古蹟與環境，反映個人與家庭、鄉里的關係。	《認知》 舉例梅樹的生長梅花的構造與生長特性，連結文本中與日常生活相關的文化內涵。	《認知》 概述繪本中桐花生命成長過程，和鬥魚生長環境，並分享自己及家鄉人、事、物的感受與想法。
學習目標	《技能》 從日常客家生活語句中表達學校的歷史演進、建築古蹟，進行設計校園參觀地圖，運用正確流利的發音，分享參觀感受。 《態度》 小組合作共同參與探索校園歷史與古蹟，繪製地圖，並愛護校園環境。	《技能》 利用陶土進行創作有梅花符號造型的器皿，用鹽糖與青梅，實作醃漬食物，並用客家淺易生活用語說出自己的理念。 《態度》 能感受唐宋詩詞中的梅花具有堅忍高雅的意涵，領會自然環境之美。	《技能》 能用畫紙做出桐花祝福卡、鬥魚小書，表現對生命的尊重與祝福。並用流利客家語分享內容。 《態度》 覺察人類活動對蓋斑鬥魚、山林造成影響，領會環境的探索與愛護。
表現任務	1.能小組合作畫出學校配置地圖，從地圖中規劃參觀路線並分享對自己的想法。 2.能正確流利的客語發音說出讀完繪本、走讀校園後的一段感受。	1.能用淺顯的生活客語說出梅樹構造與生長。 2.能用陶土創作一項與梅花相關的作品，喚起豐富的想像力。 3.能與同學共同合作，完成梅子醃漬，並用客語說出吃醃梅的感受，瞭解客家語詞。	1.能完成桐花祝福卡，對自己或他人給予讚美與鼓勵。 2.能繪製鬥魚小書，從製作過程中瞭解鬥魚的生態與環境。
學習評量	欣賞發表 創意展能 導覽解說	欣賞朗誦 技能實作 創意發表	創意發表 學習記錄 生活實踐

補充說明	E-marketing E揚三叉河——行動行銷、在地國際化：成為服務傳愛使者以自發利他服務的規劃拓展社區關係，行動強化在地的特色，行銷發展在地產業，行銷三叉河，讓大家看得見在地特色，接軌國際。
	E-marketing E揚三叉河相關課程，校訂課程中以中、高年級為主體，低年級未納入。

四 | 校園大探索——課堂講客乜通喔！

　　苗栗是客家大縣，我所服務的學校也在客家庄，約百分之八十以上的學生能聽、說客語，在學生家中的祖輩有更高比例，能用客語流利溝通，但近年來卻面臨很大的困境：長輩講客語、孩子說國語的情形。我們發現學校裡的孩子大多聽得懂客語的意思，對客語用詞語句能聽、能讀，但是否具流利的口語表達、溝通能力，其表現則是相對低落。在客語結合校訂課程的計畫推動下，我和夥伴嘗試以客語沉浸式教學方式，在不同的班級裡做協同教學，希望藉由整合課程與教學策略，引導學生在生活情境裡，進行觀察、探索、體驗與學習，我們也從教學的實踐，檢視課程設計是否連貫、嚴謹、聚焦在教學主題，並循序討論與修改。

　　一〇七學年上學期進行的「校園大觀園」單元，課程設計融入生活、語文與數學領域。我們帶著孩子探訪學校的歷史古蹟、校史館、生態池……，結合生活領域的動植物觀察；語文領域裡和孩子們共同閱讀「學校一百歲」（星月出版社），文本內容以本校十五年前百週年校慶活動為故事主體，帶著小讀者們從文字裡，發現學校過去與現在的變化，認識學校經歷的悠悠歲月與歷史；配合數學領域「數到二百」單元，讓孩子用數數或加減法的方式，推算出學校今年的校慶是學校舉辦多少週年的慶祝活動。

　　文本閱讀與校園走讀同步進行，我們從每天上下課都會走過的3D彩繪階梯開始認識學校。3D彩繪階梯有客家庄不同的文化元素，如木雕、斷

橋、桐花、石虎、舊山線，孩子們感受並連結讀本，特別是學校九十階梯與校門在不同時期的位置變更；探察生態池，發現隱藏在水池中的三義型蓋斑鬥魚，是生態環境裡重要的魚種；穿梭老梅區，感受梅樹安靜佇立在校園一隅，數十年只等待著季節更替，花開、花落與結果；走進奉安所（所內供奉日本天皇的教育敕語，是臺灣僅存唯二的日據時代的特殊建築，另一所在臺南新化國小），瞭解學校經歷的日據時代對教育的重視；參觀日式校長宿舍，覺察不同文化建築的差異性，其中，孩子們最感興趣的是「榻榻米」，在上面滾過來滾過去，滿室歡聲笑語；進入校史室，看著數十年前的校園照片、教學器具，發覺各項歷史文物都承載著學校的故事。

每一個探索地點，都讓孩子們發出「哇～」、「唉唷！好舊喔！」、「原來是這樣喔！」、「這個我知道！」讚嘆、驚呼的聲音，原來自以為很「熟悉」的校園，有這麼多課本裡看不見的歷史內涵與新奇的故事，就在每天日常生活中，靜靜陪伴著孩子們學習與成長。在沉浸式的客語教學中，我和協同教學的夥伴使用客家語，從每個語詞、每段完整的句子裡，一一的聽、說、讀之間，簡單、重複的利用生活情境進行練習，讓孩子能聽、聽懂，也越來越願意用客語和老師、同學互動與對話；我們也指導孩子等待、包容表達較慢的同學，嘗試著用能說出的語詞，表達個人的想法與感受。

課程剛開始時，孩子們大多靦腆害羞，漸漸的，當有落落大方的同學開始示範，其他孩子也願意學習，嘗試在課堂上用客語溝通、表達。於是在走讀校園後，對這個具悠久歷史故事的客家庄校園更為認識，孩子們對自己能在學校裡讀書，感到驕傲、自信，且對學校產生認同。教師們持續引導孩子，對於美麗的學校，常有重要貴賓來訪，可以怎麼向他們介紹呢？孩子們你一言我一語的提出意見，於是決定每個小組利用校園地圖，設計、討論與規劃來賓參訪的路線，孩子規劃了自己認為最特別且有趣的五個景點，利用學習單描寫介紹內容；在課程最後的重頭戲就是：孩子用客語為來賓介紹自己的學校。

　　老師示範如何行禮、打招呼，介紹自己，一句一句帶著孩子練習口說，接著兩兩練習與討論、修正。於是在班級好表現的加分制度鼓勵、誘因下，幾乎都躍躍欲試。剛開始的第一、二個上臺的孩子會不好意思而畏縮或害怕，但慢慢的願意上臺的孩子越來越順利，最後小君拿著自己的學習單，利用完成的校園地圖，在講臺上大方的說道：「大家好，𠊎係二年生的小君，𠊎今晡日要介紹的是九十段仔，有當靚个桐花、石虎、火車、雕刻个圖畫，還有大樟樹，有五、六十年的歷史；還有日式宿舍，有當多校長住過，奉安所乜當有特色。還有校史館，有當多學校的舊東西，老梅區有當靚个梅花、有當好食个梅仔，上操場有當多小朋友在該位搞、走相逐，承蒙大家、恁仔細！𠊎个介紹到這。」結束，大家抱以熱烈的掌聲與歡呼。

　　是的，孩子準備好了，需要展現的機會，老師只要架起這個舞臺，就可以欣賞孩子在臺上，像舞者一樣翩翩起舞，其他的孩子也能在旁邊伴舞、配樂、灑花瓣，一起為這個活動做最完美的演出。

五 | 創藝樂陶陶──共下動手做

　　從學習金字塔的理論中，我們都清楚明白「主動學習」與「被動學習」兩者間的差異，為了讓學習有更好的效果，可運用多感官交互刺激，達到學習目標。透過視、聽、嗅、味、觸的五感學習，接收外界多元的訊息、刺激與新資訊，學生進而思考和分析，不論是新體驗或是與背景知識結合，讓學習內容形象與具體化，更能加深記憶、理解與組織學習內容。

　　「知行行有效，行知知更牢」，是知與行合一的實踐，更是把知道的事物轉化為知識最好的途徑；在課程設計中，教師若能提供同儕分享討論、實作演練，或是教導他人、應用的機會，就能讓孩子的學習更為主動、更有意義。新課綱的核心素養學習，在自主行動、溝通互動與社會參與三面九項中，以學生為學習主體，給予學習情境，讓所學所知能落實在生活，產生行動，解決面臨的問題，也呼應學習金字塔的理論意義。

在「老梅有創意」的課程，配合國語課本中的課文「一字師」，孩子們學習背頌齊己〈早梅〉、王安石〈梅花〉、元冕〈白梅〉、翁森〈四時讀書樂‧冬〉，四首與梅花相關的唐詩與宋詞，欣賞與感受唐詩宋詞中的梅花，具堅強高雅的意涵。從校園探訪之初，已知道梅樹在學校佇立數十年頭，我們在冬陽梅花綻放的日子，帶孩子們觀察校園梅樹開花的景象。孩子們利用五感來感受自然的奧妙，看見光禿禿的枝椏上盛開的白色梅花、輕輕摩搓著粗糙樹皮，浮動的空氣中有一縷幽香，「白梅原來長得小小的……」「樹皮粗粗的、好老的樹！」「我聞到一點點香香的味道～」「你看、你看！」每個孩子的眼神專注，在老梅區積極尋找可以和同學分享的「所見所聞」。梅花樹下的課堂，笑語盈盈暗香來。

孩子為自發主動的學習者，走出戶外以大自然為師，擴展學習視野，探索自然、尊重生命，觀察盛開的梅花，認識梅花的構造與生長特性，孩子們感受到大自然一直就在身邊，隨著四季有不同的變化與樣貌，只是常常因為忙碌而忽略了，視而不見。「花開完，就會長出梅子嗎？」「可以來摘嗎？」「可以吃嗎？」吱吱喳喳的問題，得到老師回應：「大約『梅雨季』的時候，梅子就會成熟了，就來採梅吧！」孩子果然接收、擷取老師回應的重點，發問：「什麼是梅雨季？」於是在師生一來一往的對話中，理解氣候與植物生長的關係，更認識在這塊土地上自然的變化。

距摘梅、醃梅尚有一段時間，孩子們先要完成陶製小器皿，盛裝自己親手作的醃梅子。陶藝教室裡，從說明基本的捏陶技巧後，每個孩子搓條揉圓，迫不及待地大顯身手，但陶土表皮總是乾得快、新的裂痕又出現，做了裝飾的梅花花瓣，不是黏不上、就是斷了，幾個自我要求完美的孩子開始眉頭緊皺。正當老師接應不暇地處理孩子的呼叫、求救聲，班上兩個家裡製陶的小芸和樂樂，放下手上未完成的作品，開始指導同組的同學，我聽見：「這個要這樣黏，還要沾點有泥土的水。」、「裂開沒關係，用水抹一下，就這樣。」邊說邊幫同學修整、裝扮作品。孩子們在生活裡，展現主動積極的態度，在同儕實作學習與課程參與中，展現高度學習意願與解

決問題的能力；而我在這裡，看見美麗的畫面：孩子利用共同的語言溝通與互動，參與學習、努力行動，與成就他人。

六│環境初探與觀察——孩子做得恁樣問！

　　我認為主題式課程學習與內容是開放的、有趣的、是可以更深入的，我在教學現場最重要的工作，就是指導陪伴、有效提問、回饋、再提問，最後做總結，讓孩子們依循著教師所引導的脈絡一步步達到教學的目標。在我任教的班級，我常問孩子的問題，希望以開放、沒有標準答案的對話方式，讓每位孩子在課堂上都有機會表達自己的想法，雖然最初始的狀況是有些孩子害羞到連一句話都不敢說，只能點頭與搖頭，但長時間的練習，在老師慢慢的引導與鼓勵下，都能嘗試用完整的句子表達。我也利用閱讀理解的四個層次提問技巧，在班級教學中修正與運用，以下為我個人常提問的方式與目的：

	提問方式	目的
提取訊息	• 你看到／想到……什麼？ • 你的感覺是什麼？	瞭解孩子的感受與想法。
推論訊息	• 這樣的想法，是正確／錯誤／需要再思考一下嗎？ • 這樣的行為，是適當／合理／會被他人接受的嗎？	孩子學習思考、想法與行動之間的連結關係和可能性。
詮釋整合	• 為什麼，你覺得可以／不可以／贊同／不贊同……？ • 為什麼，這個方法能／不能……？	孩子連結學習、生活經驗，嘗試做出個人判斷與決定。
比較評估	• 有沒有其他更不一樣的想法？ • 有沒有其他的辦法／方式，是可以更好的？ • 可以說出兩者的不同、差別，或是其他？	尋求同儕的意見與建議，孩子能對事物、現象、行為再深入思考與決策。

　　而我更常說的是：「你為什麼這麼想呢？」「我覺得這個方式很好（也許可以更好），有沒有其他人有不一樣或更好的想法？」……，鼓勵孩子積極思考，再將想像的內容、創意的思緒用言語完整敘述，我也會問：「有沒有人和○○一樣的想法？」如此傾聽、包容、尊重每個孩子，即便在課程學習中較為落後或程度較差的學生，都有機會以舉手方式參與表達與討論。

　　二年級的孩子們，在一年多的時間訓練下來，我發現多數已經能主動提出個人的想法與意見，在口語的表達上，也能用完整的句子說明自己的想法與目的。如果在提問的過程中，發現孩子的思維與線索，遲遲無法接近我的目標時，我會說：「老師有個想法，你們覺得這樣的方式，可行嗎？」孩子通常都能給予贊同，偶爾還會再討論，甚至提出令我更為驚豔的想法。我也發現在主題式的課程討論中常會有不同的新議題被孩子提出來，基本上只要能符合教學目標，我認為都是很特別的學習歷程。

　　在本學期「桐趣觀魚樂」單元中，由多位熱心家長提供了課程主角：「澎鯆鰊」。在教室裡，兩人一組負責照顧、觀察、記錄一至兩尾蓋斑鬥魚的外型、活動與進食情形。在課堂中提及蓋斑鬥魚是生態指標性的魚種，學生對於「指標性」感到興趣，於是討論了鬥魚復育、生態環境、汙染與破壞……的議題，我想起「廢棄藥物汙染河川」的相關報導與孩子們分享。

　　孩子感到十分驚訝，學生小恩舉手提問：「老師，既然我們政府知道河流中含有這麼多藥物，為什麼不做好藥物的回收？政府為什麼都不做改變？」聽完連續兩個疑問的提問內容，我的雙眼泛淚。當課堂上，不僅只是老師的提問、學生回答，更棒的是學生在學習過程中，看見了問題，提出了疑惑！這一個二年級孩子提出的問題，讓我心中甚是激動，稍稍平撫了心情，我說：「謝謝小恩，老師發現你的問題，問得很好，這個問題老師可能沒辦法完整的回答你。但，我們可以思考，如果政府在短時間內沒有辦法做好，那我們可以怎麼做？有沒有同學可以說說看？」於是孩子們吱吱喳喳的討論與發表：「可以的話，不要吃這麼多藥，藥也不要亂丟！」「我

們要保重身體，不要生病！」「不吃藥，可以改吃草藥嗎？」「垃圾要做好分類」、「資源可以回收利用」……，學生察覺現象，並尋求解決問題的策略。

　　課堂最後的總結活動，我說：「也許現在的政府對於這個藥物汙染的難題，可能還沒有很好的解決辦法，那未來當你們長大了，也許可以嘗試為我們的社會努力看看喔！」這時，我在班上兩個喜愛到圖書館閱讀、已經嘗試自學化學元素、組裝設計各式模型的阿展、小軒的眼睛裡，看見光亮。

　　檢討這次與孩子對話的討論中，我明白給予孩子的回應與教學脈絡不是最好、最完美，也僅將議題聚焦在低年級孩子可以做到、實踐的範圍，其他有關政治、實務與經費相關的議題，可能太過複雜與深奧，孩子們無法理解，我則選擇了保留。但，我的心裡知道，這個討論對孩子們來說，也許只是學習過程中一個小小的火花，但我心中有很深的期望，未來在不同的學習經歷中，孩子們能延續對生活議題的關心與行動，改變自己或是影響身邊的人，達到真正的終身學習。

七｜一起加入改變的行列——看見孩子更多的可能！

　　嚴長壽在《教育應該不一樣》一書中提到：「每個人不必都是領袖人才，如果家長認真協助學生探索自己的潛能與天賦，其實每個學生都可以找到自信的泉源，在他天賦的領域為社會發光發熱。」即便孩子只是一顆種子、一盞微不足道如同螢火蟲的小亮光，我們相信小小的點點星光，一定有人會欣賞它的自然之美。我想不僅是家長、老師，只要能幫助孩子找

到自己的亮光，他就能照亮、探索這個美麗的世界。

　　現在的我，喜歡帶著學生體驗、探索多元有趣的學習，不僅發現孩子慢慢展現出超越可被測驗與評量的能力，也從多個討論裡激盪出來的火花，覺察孩子們對課本外的學習，表露出更多的學習熱情與行動。突然覺得慶幸，因為自己在教學上的改變，看見了孩子更多的可能。我也願意和身邊的夥伴分享：十二年國教的素養導向教學，真的很簡單，只要教師們願意打開心胸接受挑戰，引導學生主動探索、擴展視野、生活參與、啟發潛能，孩子們就有更多改變的可能性，且讓所有的可能，有機會被看見、被實踐。

　　時間飛快，我的第一個孩子在今年暑假過後，將成為首批試用新課綱的國七學生。邁入新的學習生涯，我期望孩子在未來的學習路上，能在老師的引導之下，給予有系統、深度、活化的學習情境，在同儕的合作下，展現積極的學習動機，支持他在未來的社會環境中，面對各種的挑戰與創新生活。回首六年來時路，我也在自己教學實踐與修正的過程，釐清過去自己對教育改革政策產生的疑慮，當看見每個笑靨與專注神情，在教與學間的對話與實作中，我發現孩子們的進步與變化，也察覺到自己、教學夥伴在教育工作的轉變，此刻的我，心中滿滿的感恩。我相信邁出了第二步、未來還有第三步、更多步⋯⋯，無論是自我專業的能力提升、對教育的熱忱與責任，乃至未來的創新挑戰與國際視野，我都能堅定的、自信的面對，持續學習、充實自我，成為一個終身學習者。

　　最後，將此文與在教學第一線、默默為學生努力的教學夥伴分享。也致以青春歲月投入教育行列的我們，繼續為孩子創造美好的學習，持續前行！

優選

「觀課中的我」
——第一線教育人員如何看待公開觀課經驗與因應策略

烏眉國中　　黃淑麗

壹　前言

　　十二年國教課綱總綱明訂國中小到高中的校長及教師，每學年至少公開授課一次，預定於一〇八學年正式上路。新課綱中所提及的公開授課於實施時，應具有「課前共備、課中觀課、課後議課」的三要素。此三要素對於第一次接觸此概念的教育人員來說，似乎會令人感到複雜且伴隨著部分壓力與擔憂。近兩年，我曾以授課教師的身分進行四次校內公開觀課，對於公開觀課的進行，有些許個人想法與感受，並於觀課活動中獲得回饋與省思，其中的心態轉變與適應，希望能藉由個人經驗分享，提供第一線教育人員對公開觀課活動的進行有不同的思辨與觀點的詮釋，進而能發展出屬於自己的公開觀課行動與策略，提升教師專業成長。

貳　公開觀課的準備──課前共備

在此階段中，我認為有三個原則要掌握。分別是：心態調整、關注面向的轉移、觀課目標的確定與任務的分配。其中各原則說明如下列三點，其中每一點的最後說明則是我分享自己對於該原則的一些個人心路歷程。

一｜心態調整：不評價、開放接納、信任

（一）不評價

不評價（no evaluation）係指不評價課程設計的好壞，而是將重心關注在如何調整課程設計以更符合授課者設計的教學目標，同時授課者也需相信自己的課程設計在共備團隊中是不會被評價好壞的，並且可透過共備的過程獲得課程設計上的調整或團隊支持的機會。因此，在進行課程設計的討論中，教師本身需先調整自己心態，理解所謂的公開觀課目的是希望藉由一個課程形成的過程中，能引進系統內更多的資源進入以協助教師發展課程設計。在此所認定的系統係指透過同領域或跨領域的教師們，於課程設計討論時，能藉由本身的專業異同性而產生更多想法或設計，如同創意思考中的發散性思考，集思廣益地將許多不同關注的點展現出來，並於討論中收縮這樣的想法，歸納出一個共識，亦即將想法收斂回到原先的課程設計，以符合教學目標。在這裡，課程設計只會獲得更多的討論來精化、豐富，達到昇華的效果。共備成員們須體認到授課者不是在團隊中展示一場教學秀讓團隊成員幫自己的表現打分數，或透過說課來檢視證明自己的教學設計能力，更重要的是，讓課程設計有可調整性，而非評價授課者的表現。

（二）開放接納

以開放的心態（open mind）看待備課中的討論過程與想法，包容尊重

各種課程設計形式的可能性。事實上，在課程設計形成時，我相信每一堂的課程設計都是授課教師花費眾多心力，融入自己的專業認知與能力後所產出，故各種形式的課程想法都值得被尊重。當授課者獲得團隊成員對自己課程設計的尊重，自然能放下心中的防衛，課程設計的改變與調整便能應勢而致，一切再自然不過了。

（三）信任

信任（confidence）經過公開觀課的一系列歷程，不僅能促使自己於教師專業上有所成長，亦能於團體中獲得支持與滿足。獲得自己所屬團體的支持與信任，不僅能增加自己對教學工作的滿意度，且隨著觀看課程設計在討論後所獲得實質上的改良，亦能增進教師對自己教學設計的成就感。

（四）個人經驗心路歷程分享

以我先前經驗來說，一開始決定要進行公開觀課時，我感到十分焦慮，我擔心自己無法設計出一個好的教案，會讓其他老師認為我的教學能力不足，課程設計差，我擔心會聽到其他老師對我的教學專業力有負向評價，而這讓我很擔憂並產生出抗拒公開觀課的想法，因為那彷彿是一場教學評分秀，而我的表現會被其他老師打分數，我擔心我會在這場表演中獲得不好的分數。直到實際進入備課時，因為團體裡的成員於討論時所展現的態度為不評價且尊重我的課程設計，令我感覺到討論氛圍是安全且可進行的，因此進入討論時，內在的自我防衛下降，同時這樣的正向互動經驗也開始修正了我原先對公開觀課所抱持的觀點。儘管，我仍會有緊張與焦慮感發生，但我信任團體中的共備成員能提供我在課程設計上的協助，而非是對我的教學設計打分數。而這樣的觀點調整也令我能真實開始感受到公開觀課的進行，的確是可以提升我的教學相關專業能力，從中獲得增益。

二│關注面向的轉移：課程設計本身、學生學習、課程設計過程中所產生的想法與困境、個人經驗心路歷程分析

共備課時，應將關注重點從教師自身表現轉移到課程設計本身、學生學習、課程設計過程中所產生的想法與困境等，共備團體必須允許成員間可以就自己所不了解或未釐清的內容提問，而成員亦能針對該內容有所回饋。。

（一）課程設計本身

在課程設計中為符合新課綱，可以利用合適的表格設計逐項比對。透過表格式的比對，能協助成員更清楚瞭解課程設計與學習重點。成員於討論中可就課程進行方法、學生學習目標、評量方式等提出各自的想法後，再逐漸聚焦於授課教師設計的學習目標。

（二）學生學習

包含「學生如何學習」、與「評量學生學習」。共備時，能根據教學活動的設計來討論並預測學生透過此次課程的施行，可如何學習到預定的學習內容，又可透過哪些方式正確地評量到學生的學習。

（三）課程設計過程中所產生的想法與困境

共備課的過程中，除上述兩種內容可被討論外，於課程設計中所產生的想法以及所遇到的困境，也都可以是於共備過程中提出討論或尋求解決的項目。教學是動態的，是持續變化的，因應學生類型、時代、環境變遷等都會影響教學的實施效果，當然也會反映於課程設計。故於課程設計中所產生的想法、以及所遇到的困境，都應該可以於共備中尋得被支持與解決。而且，這可能更能確實地增進教師所感受到共備的益處，進而提升其共備意願。

（四）個人經驗心路歷程分享

以我個人經驗而言，當進行共備時，關注的重點不再是我的教學表現與能力時，而是就事論事、具體化地討論課程設計的本身可如何調整、教學目標與學生學習的連結時，我心中所感受到的壓力與抗拒會下降，而更能專注在課程設計本身，且願與共備成員共同討論之。尤其是在我面臨因課程發想而陷入困境或瓶頸時，能獲得共備課成員的支持與提供各種解決方法的可能性時，我更能切身體悟到共備課為我帶來的正面影響，也促使我更能接納與參與共備課的團體。

三、觀課目標的確定與任務的分配：具體的學生學習行為、個人經驗心路歷程分享

（一）具體的學生學習行為

於共備課時即要確立協助觀課教師的任務與目標，觀察課程進行中以學生為學習主體的模式。將觀課任務訂定於觀察學生的具體學習行為與表現，並於課後的議課中提出，如此可讓觀課的教師將關注重點放在學習主體——學生身上，針對學生的學習表現提出相關的觀察。一來，能協助教師真實聚焦於教學並形成教學優先的概念，二來可以減輕教師對於被觀課的心中壓力與抗拒。

（二）個人經驗心路歷程分享

當我知道我在進行公開觀課時，觀課的教師們所觀察的對象主要是學生，而非我的現場教學表現時，我心中的確感覺到壓力與抗拒的下降。同時，我也體認到教學現場中，最為重要的應該是學習主體——學生的學習。觀察目標的確立讓我感受到現場教師們真正重視的是學生學習的效度，同時具體的觀察行為也使我更能瞭解到學生的實際情形，且能依此為依據，具體的針對該行為發展出調整策略，落實教學優先於教師個人表現的概念。

　　上述三點原則，是我個人認為在進行共備課時需調整與掌握的重要原則。我相信每一位教師都是經過專業訓練所培養出來的，皆已具有其教學專業能力，故於備課階段時，我認為心理層面上的調整與對公開觀課所持有的觀點是影響教師參與意願與投入程度的重要因素。若能在心態上抱持著不評價、開放接納、信任共備課團體的態度、調整自己對於公開觀課的關注面向，不將公開觀課與自己的教師專業能力評鑑進行連結，搭配明確具體的觀課目標與觀課任務分配，我認為此三原則的掌握皆能有助於教師理解與真實感受到公開觀課確能為己身帶來增益，提升參與此活動的意願與投入程度。

參　公開觀課的進行——課中觀課

　　課中觀課是公開觀課的系列過程中，我認為最為重要但也最為令人安心的階段。因為最具難度與最為耗費心力的部分，是觀課前的共備階段。觀課階段只要將設計好的課程按部就班操作，搭配掌握課室情形，教師進行起來多為流暢。加上先前已藉由共備課的準備提升教師對自己所進行的課程形式、內容、教學目標等的掌握度，教師於公開觀課進行時，更有餘力去關注課堂中學生對該課程的學習行為與表現，落實以學生為學習主體的教學。我認為此階段中掌握的原則主要有：教學工具的使用、教學活動進程的現場掌控。

（一）教學工具的使用

　　因應現今課程多元化，可使用的教學工具亦有許多選擇。教師在共備階段時已選擇合適的教學工具來搭配課程需求，觀課前須再確認教學工具的可使用性與數量是否足夠，以確保教學活動能順利進行即可。

（二）教學活動進程的現場掌控

　　觀課進行時，教師須能掌握教學現場的活動進程，留意學生學習活動的進行情形，適時調整教學步調。如是活動性質的課程，教師更需如同現場的指揮官，做出及時且明確的指示，協助學生順利進行教學活動。

　　教學工具的確認與教學活動進程掌控，原本就是教師在每一堂課程進行時須掌握的教學原則。因此在公開觀課階段，對教師而言，應不困難。尤其在確實的共備課後，教師多能駕輕就熟的進行課程，同時，心理上的負擔與壓力在此階段也會隨著觀課的進行而逐漸下降。

肆　公開觀課的討論──課後議課

　　課後議課可說是公開觀課三階段中回饋給教學者最多的階段。透過觀課教師於課堂上對學生學習行為的觀察，除可提供授課者資訊來架構更多的學生學習圖像外，授課者亦可從回饋中瞭解自己的教學中，哪些對學生學習有所助益，助益為何？哪些部分對學生而言，所提供的學習效果似乎與預期不同，又可如何調整？透過觀察學生的學習表現，更能直接瞭解自己的教學。

　　而議課階段中，我認為議課時的對話順序是非常重要的。依序為：陳述觀察、理解情形（提出回應與想法）、提出討論、回饋與建議、尊重自主性，共五個步驟。以下說明：

（一）陳述觀察

　　各觀課教師陳述。在議課階段時，首先由觀課老師們根據自己所記錄的觀課記錄表來提出自己所觀察到的學生學習行為。在此時，僅須提出看到了什麼，而暫先不給任何建言、建議或是指導、評論。這一點非常重要，因為接下來要進行討論，所以必須讓客觀的觀察資訊被提出，重建出

當時的學生學習情形。透過不同教師們的觀察，可以較為完整的建構當時情形。

（二）理解情形（提出回應與想法）

在此是指陳述觀察後，給予授課教師一些時間針對先前觀課教師所提出的觀察做出自己的回應與想法，同時其他觀課教師若想回應亦可於授課教師表達完後，提出相關回應或想法。因為透過授課教師自身所提出的想法、回應會有助於議課夥伴們清楚授課教師當時的教學行動與所處情境，更能理解當時的情形，而這將能促使後續討論對授課教師有實質上的助益。

（三）提出討論

先由授課教師提出自己想討論的部分，觀課教師們之後再提出自己於課堂上觀察到認為可討論的議題。因為授課教師為授課主體，且公開觀課的目的之一是藉此機會協助授課教師能獲得教學上的幫助，因此，提出討論時，也應由授課教師先提出，觀課教師則接之於後提出。

（四）回饋與建議

在此包含正向肯定與建議。所謂好聽的話人人愛，想給他人一個建議前，需先給予對方三個正向肯定。就如同想跟學生談論一個缺點要改正時，也須先肯定其所擁有的三個優點。如此，學生會較相信你是理解且站在其立場上為其設想，而非批判攻擊他。學生是這樣，其實我們教師又何嘗不是這樣理解世界的呢？因此，在議課階段，參與議課的教師也需先給予正向回饋，肯定授課教師的某些教學行動後，再提出自己心中想討論的。我相信願意給建議的老師都是希望能幫助到授課教師精進其專業能力，是出自於好意，且每一個人的確都會有自己看到與沒看到的地方，因此，有建議是好的。但建議之所以能有效果，也是建立在受建議者願意採

納的前提下，才有效果。而如何讓受建議者願意採納，就先從讓對方相信是站在其立場上所提出的建議開始。此外「我訊息」（I message）在建議的提供上也是一個可使用的方式，透過我訊息的表達方式，亦能降低對方感到被評價的感受。

（五）尊重自主性

當回饋與建議進行完後，不論授課教師是否有無採納建議，參與議課的教師們皆必須尊重其有自主性，尊重授課教師的選擇。不強迫授課教師必須接受所有的建議。而這也是我個人認為十分重要的一點。就如同在進行輔導時，不會強加價值觀於個案身上一般，也不該強加自己的建議於授課教師身上。可以提出建議，但也要尊重對方有接受與否的選擇。當彼此能尊重自主性時，才會更有討論的空間與改變的意願。

議課是重要的，建議也是需要的，一個好的建議，可以提供教師精進其專業能力。但如何讓好的建議在議課的過程中能被提出且有機會被接納，是需要醞釀的。我認為可以透過上述五個步驟依序進行對話以達到此目標。

伍 結論

一〇八新課綱中的公開觀課確實能使第一線教師於此過程中獲得成長並提升教育專業能力。唯在公開觀課進行前應先協助教師理解體認公開觀課的目的與推動的立場，令教師能確實感受到其中的助益性，降低其所帶來的焦慮感與被評價的危機感。而教師本身則可從心態調適開始進行，以開放接納的心態與共備團隊討論，共備課的討論內容可以是課程目標、評量及進行方式或所遇困境等，信任共備課團隊能給予自己教學設計上的支持與精進，且不將公開授課視為對自己的教學評鑑，將關注面向由教師表

現轉移到學生學習表現上，與團隊討論確定觀課目標與任務。公開觀課期間，掌握教學活動進程，依學生實際情形適時調整教學步調。而公開觀課後的議課對話則可以「陳述觀察、理解情形、提出討論、回饋與建議、尊重自主性」五步驟依序進行，當授課教師能從議課中得到助益時，便能提升其對公開觀課推行的認同與參與度，達到公開觀課的目的。公開觀課的設計用意良善，若能輔以校方團隊的支持、與教師個人對此觀點的轉換，假以時日，定能感受到公開觀課所帶來的正面效果。

新課綱健體教學的教學風貌

頭份國中　　謝明倫

　　在邁向新世紀之際，世界各國不遺餘力地推動教育改革，臺灣亦不外於這股風潮，在諸多教改政策中，目前最受矚目的是十二年新課程綱要的教改議程，希望以呈現統整的課程、培養新世紀所需的素養。

　　課堂中的教學策略與設計植基於教師的教育觀，教師對於什麼是教育、什麼是知識、人如何學習、為何而學等問題所持的觀點，本文以三個重要的教育觀為出發：課程本位與學生本位，行為取向與認知取向，現代的與後現代的，問題導向教學與合作學習傾向學生本位、認知取向、後現代的教育觀。隨著教學風氣的改變與課堂風景的不同，目前分組合作學習成為一種重要的教學方式也被教師越來越多地應用於課堂教學之中，這種的教學型態對於培養學生的創新意識和高層次思辨能力尤為重要，同時也促進了學生在合作中學會學習，在學習中學會合作，讓學生真正成為學習的主人。

　　對於一位教學現場的工作者及健體領域輔導團教師的我而言，怎樣的健體課程稱為一堂「好課」，怎樣是一堂「提升學生健體素養學習」的課程，這兩者的關聯性如何？關鍵點在何處？透過觀課的教學歷程對於教師的影響如何？如何才能讓這樣的漣漪漫入學校的教學文化裡？在在都是關

心的面向。

教育部為推動十二年國教新課綱的推動、辦理各項教師的增能以及教學示例的研發，各縣市輔導團也積極地在這方面有所著墨，希望透過共好的精神，將新課綱的美好傳遞。以健體領域而言，健康與體育領域課程在十二年國民基本教育「成就每一個孩子」的願景架構下，包含了下列三項重要內涵：首先為：學習，確保人人參與身體活動。第二為：運用生活技能以探究與解決問題，發展適合其年齡應有的健康與體育認知、情意、技能與行為，讓學生身心潛能得以適性開展，成為終身學習者。最終希望透過建立健康生活型態，培養日常生活中之各種身體活動能力並具國際觀、欣賞能力等運動文化素養，以鍛鍊身心，培養競爭力。教育部國教署課程與教學輔導群健體領域召集人臺灣師大劉潔心教授說[1]：「健康生活技能與運動技能的培養，以及在日常生活中展現出健康的生活作息及終身運動的良好習慣，是健體領域一直的教育目標，亦與十二年國教新課綱『自發、互動、共好』的教育理念相互呼應，也皆為達成健康與體能素養的學習徑路，願大家齊心攜手共創『健友體會』」。

為提升教師的專業能力，近年來不論日本、香港、新加坡及兩岸的教學都關注於課堂觀察。課堂觀察源於西方的科學主義思潮，作為一種研究課堂方法，發展於二十世紀五六十年代。典型代表為美國社會心理學家貝爾思（R. F. Bales）於一九五〇年提出的「互動過程分析」理論，其開發了人際互動的行為編碼，並以此作為課堂中小組討論的人際互動過程的研究框架。

美國弗蘭德斯於（N. A. Flanders）一九六〇年提出，後經他自己不斷修正的研究成果「互動分類系統」，即運用一套編碼系統（coding system），記錄課堂中的師生語言互動，分析、改進教學行為，則標誌著現

---

1 國教科課綱向前行（第14期2018-08-10），健康與體育領域中央輔導團，因應新課綱的專業支持作為。

代意義的課堂觀察的開始（崔允漷、沈毅等，2007）。七十年代開始，人種誌研究等質性研究方法開始應用於課堂觀察，用以補救量化研究的種種缺陷。完整的文字描述呈現了課堂全貌，使原本被剝離出來的課堂事件、課堂行為回歸情境本身，可讓研究者更好地解釋、認識課堂。綜上，不論是東西方的教育學者，對於課堂的觀察雖有不同的風貌，但都有相同程度的高關注。

　　一堂教學課程需要有適切學生的素材，對於生活運用多元的健體領域而言，透過問題解決與思考的方式，以小組互相激盪的討論更可以展現思辨的過程。然而，怎樣算是一堂好的分組教學課程？就以分組教學為思考的出發點，省思在健體領域教學中前進的下一個可能。

一｜一堂分組教學的風貌

　　據個人教學觀察，在目前的中等學校的學習中，其主要的教學型態仍以傳統的講述式學習為主，課堂中學生大多依賴老師所傳授的知識，進行學習，較缺乏主動思考及學習的精神，等到真正面對問題時，卻不知道如何收集資料並運用資訊與知識來解決問題。

　　但是健體領域教學中，在教師介紹各種策略及可用的資源，指導學生去規劃出能在自己課堂內或外進行的學習活動。或是引導學生欣賞運動員的力量、技術、智慧、情緒，或運動場域中的設備、器材、服裝、氣氛、事件，以增進其對運動之美的共鳴，並能闡述自己感想（如：說明自己欣賞那位選手，理由為何？），都非常適合運用分組討論教學的方式進行。

　　或是運用PBL（Problem-Based Learning）的問題導向方法，小組可以需要討論的過程，透過問題的聚焦、分析、對話與討論，進而學生問題探索經驗的歷程，幫助學生將訊息重整，學生在問題解決過程中，須對自身原有的知識架構做搜索，瞭解具有哪些已知概念，再將問題情境中自己所不能瞭解的未知概念提出來，這些過程都需要合作的討論及對話，讓學生學習面對面的助長式互動成長，共同對於問題彼此合作，是未來公民的素

養及團隊能力的提升。

　　一堂分組教學形態的健體領域課程，可以學習讓學生聚焦討論，透過討論過程中釐清問題與提出解決的策略，進行系統化思考。

二│課內的教學架構與生活情境整合

　　健體領域的教學是一種重視情境化歷程的學科，課程的內容與學生的情境經驗息息相關。例如：在各項大型運動賽事時或是在學生有實際運動體驗的前或後，教師介紹該運動的文化意涵（如：新興運動、本土／民俗運動、國際運動），並透過教師解說或學生蒐集資料，來認識其特色、理解其發展脈絡 （如：紐西蘭黑衫軍橄欖球隊戰舞的意義及發展背景），強化對於人文的理解。或是教師可透過團體性運動的分組、合作完成任務、競賽等關係，來使學生練習與他人互動時應有的態度、應保持的關係（如：當遇到意見相左的時候應尊重對方的想法、理性溝通）。延伸到平日生活相處或面對問題時的應對之道，學科本身的學習概念與學生的生活經驗情境的整合，結構層次循序漸進的引導學生，連貫起學生與生活及理解與感受。

三│堆疊式的有效教學策略

　　靜態的教學素材，有賴活絡的師生互動，才能凸顯出課堂的熱度，教學流程的規劃也是一堂好課流暢度及學生參與的重要指標。近幾年來，臺灣觀課的文化百花爭鳴，從日本教育大師佐藤學的「學習共同體」在臺灣的教育界引起巨大的迴響，官方單位及許多學者、教師們也紛紛提出自己的教學創見和經驗，期望為教育現況注入一股新的活力。目前的臺灣的觀課重點以「學生學習成效」為主要重點，認為的一堂好課應該是以「學生」為主題，教學的形式及評量多元化的發展，重點是讓學生願意參與學習，進而培養學生自學的能力。

四│健體經驗與人生經驗的轉化

　　健體除了是學習的工具，更是情意的陶冶，健康的觀念就在生活裡。健體課程在學科的理解及交流中更能培養學生表達自己的想法和與別人交流的能力。翟健體的美與價值對於生命的撼動，引發年輕的下一代產生共鳴。

　　國中的健體領域課程，常常是很容易被借課或借來考試用的，但這堂健體課程對於正在青春期的學生而言，是非常重要的。健體不僅是一門實用的學科，更是人文學科。人文學科的意義在於老師一邊教導學生健體，一邊也在引導他們關照內心。一堂好的健體課程，建構在老師對於文本分析的充分的理解與掌握，貼近學生先備知識的循序漸進的教學策略運用，以學生經驗為出發點螺旋式的提問設計，最後統整課內外的脈絡豐富、擴展生活經驗，相呼應的健體學習行為。

貳　觀課的文化漣漪

　　觀課已成為臺灣近幾年在多數學校推動課堂優質化的活動之一。雖然教育部積極推動也多年鼓勵各校進行教師專業評鑑。但是，觀課是否能夠幫助老師提升教學能力，讓學生學得更好？如果是，教學現場推動的困難度應該降低；如果不是，那問題的關鍵為何？

一│觀課與教與學的品質

　　為適應「學」之差異性，因而產生「教」的多樣性。教學無定法，需要時時反思與改善之。「觀課」不只是觀教學的多樣而更應該注重的是學的差異，如何透過觀課的歷程讓教師深刻的體會引到學生的關鍵，是觀課中重要的價值。

　　觀課活動的目標如果在於改善「教」與「學」，首先觀課者必須懂得觀

課，瞭解怎樣才算是一節好的課堂。這方面不能單憑觀課者的個人觀感作判斷，必須以「學生的學習成果」為依據。我們必須思考，究竟學生學了什麼？事實上學生每經歷一節課時都會學到一點東西，縱使這些東西並不一定是老師所預期的。老師的責任是盡量使學生在有限的時間內（如一節課）學到預期的最多和最有價值的東西，並達到一個如果沒有老師帶領的話，所難以達到的水準。

然而，我們通常為了教學的流暢或教學品質的呈現，常會在觀課時盡量規劃一些平時就表現得比較好的班級。從某個角度而言對於教學的成效較為明顯，同時也對於學生的學習較有延宕性。但，如果我們就一堂課對學生的能力提升而言，表現好的班級可以引導學生往較高層次的健體精神課程發展，一般的學生或許可以著重提升學生基礎整體能力的提升。真實的面對學生的健體教學現況進行教學對話，才更是我們應該重視的。

二 | 觀課對教師的思維影響

觀課的主要目的，在對於授課者的教學及學生的學習進行近距離的觀察。這些觀察有助觀課者拓寬個人的課堂經驗，但不一定因此提升個人的教學素質；對授課者來說，也不一定有助提升及反思個人的課堂教學。有意義的評課及課前準備對於觀課者來說，對於教學設計的理解能更加理解，對於教學者的課堂教學方有更有效益的回饋。

教師所設計的課堂活動，都必須有一個清晰的目標，讓學生從過程中出學習內容的某個關鍵重點。老師亦應該檢視能否在教學的過程中，因應學生的反應來調節教學進度、方法與內容等。一位好老師必須是一位能帶動學生學得好的老師。因為每一位老師所面對的學生都是不同，故此對課堂的一切建議，都必須透過實證去檢視。

觀課是課堂上的一種綜合觀察，不只是聽，更以眼觀察、以手收集資料、以心感受和體會當時師生的情緒及互動關係。觀課的前提是觀課者不影響授課者上課，但又全面及積極地參與課堂；並在觀課後，主動將自己

的觀察回饋授課者及分析有關課堂的優劣強弱。健體領域中的觀課活動性質高，戶外觀課也有高比例的機會，教師觀察的面向是動態的，因此，觀課前的說明與理解對於觀課教師而言更加重要。

和「觀課」密切相關的是「議課」，也是觀課後的必要步驟，即觀課者及授課者圍繞觀課的內容，開展對話及進行反思，兩者應該平等提問及發表意見。議課顛覆了老師在觀課活動中「被評」的角色及「失語」的現象。它強調老師的改進、發展和成長，因此老師不必要設計完美的一課，相反只需呈現個人的教學風格及一貫的教法，並從真實的教學中求取進步，最終強化個人的批判力和反思精神。同時，議課活動更可提升老師教學能力。議課的引導對於觀課的教師而言，有明確的指標觀察，倘若觀課記錄能與議課的內容更為聚焦，對於教學現場的教師，或許在討論的過程中彼此的理解可以更加深化。

參　結語

一堂好課在哪裡？一堂好課在每一次的教學琢磨與省思中前進產生。一堂有效益的課程更建立在教與學的良好互動之下。然而這麼精心設計的一堂課，如何產生最大化的影響，除了影響這堂課的學生，還能讓這堂課透過說課、觀課到議議的歷程，讓觀課教師產生共鳴進而化成行動，將一堂好課延伸到無數堂好課，而不讓這堂好課從「記憶」到「回憶」，這個過程更值得我們關心。

教學新文化的建構，老師價值取向的轉移，可以通過觀課和議課文化，建立優質的課堂教學和對等開放的說話平臺，老師則可以較安全地檢視自己、反省自己、改進自己及探討與一起成長的可能性。新觀念的建立，用腦思考課程，不要只看別人怎麼教，觀摩任何課堂，都要思考，如果是我，我會怎麼教？友善的觀課表及觀課的焦點對話，讓彼此在健體課

程的主題下進行討論，進而將有效的關鍵點劃為下一個教學行為的開始。啟發學習者建構健體教學概念，透過觀課的活動達到能知能行，知行合一的功能。

　　觀摩與討論，是激盪出更多火花的觸媒。觀課與交流的目的不在於比高下，而在於省思有哪些可以實踐於自己的課堂中，以及「認同什麼，反對什麼，接受了什麼，放下了什麼」。教師的專業對話是豐富且有趣，可以充滿溫暖並很有深度。經過討論，彼此可以重新甦醒我們遲鈍已久的教學神經，透過專業的觀課對話與聚焦的課程釐清，敏感去覺察出過去原本為平淡無奇、日復一的教學工作，原來充滿了多元複雜新且契機與挑戰性的元素。

　　運動是我的信仰，身為健體領域的教學者，將教學生活情境化，除了是新課綱的目標，更是平時日常生活教學的一環。教學沒有最好，只有不斷精進！以耐心與智慧去洞悉、領會學生想法的老師，才能有機會真正走入學生內心並觸動其靈深處，也唯有如此的教學心態，才能真正拓展並且在學生學習生涯中，成為一位開啟生命視野的「點燈人」。

行行重行行：教學歷程省思與新課綱精神實踐

烏眉國中　　卓秋碧

一　前言

　　教師的教學生涯不可能一成不變，隨著教育制度的變革，定會牽引著教師在教學上的改變，但真正促使筆者去思考在這一波波的教育改革浪潮下，到底是什麼原因讓自己從內心開始改變。記得，有位學生因腳受傷行動不便的原因，請假在家休養將近兩個月的時間，在學校的課程則是一次段考的範圍，結果段考成績仍舊名列前茅。當下，筆者一驚：如果學生可以在家自學，表示教科書的內容編寫已經足以讓學生學得該科目的基本概念，所習得的知識能融會貫通，因此得到好成績。那麼，課堂上的老師到底要扮演什麼樣的角色？在傳道授業解惑的責任上，有部分已經被條理分明的教科書和發達的資訊所取代，那麼，老師到底要教給學生什麼樣的能力，而這些是學生自學無法獲得的？

　　於是，筆者開始回顧自己的教師生涯，從踏入教職時面臨九年一貫政策的實施，至今年即將推行新課綱，其中參與縣內的輔導團，接著是校內磨課師計畫、活化課程與前導學校計畫的推動與執行，到參加十二年國教課綱種子講師培訓課程的完成。檢視這些經驗在筆者的教學歷程中發生了

什麼樣的改變，而為了實踐素養導向的教學，培養學生解決問題的能力，筆者又做了哪些的努力與嘗試。

二　你被「貫」到了嗎？

身為實習老師時剛進學校開始實習，就遇上九年一貫這波看似天翻地覆的教育大改革，從學校老師口中聽到了這句話—你被「貫」到了嗎？有的老師因此選擇退休，那其他留在學校教書的老師呢？筆者從實習學校的作法學到了：遇到了就面對它的態度，和從實習導師的身上學到了：教學的熱忱和對後輩進無私的教學分享，至今這位老師的風範一直深植心中，砥礪自己除在教學上不斷進步外，更要能與他人分享。回首過往，這不是符合課綱所提到的互助、共好的基本理念，當時的老師已經身體力行了。

九年一貫政策施行時，開放出版社自編教材，教科書呈現百家爭鳴的狀態，以社會的歷史科為例，各出版社有自己一套的編排邏輯，不管學校老師最後選定哪一個版本，授課內容還是無法脫離國立編譯館出版的那套課程，於是一張張的學習單出現了，除了課本知識的延伸學習外，也加入了思考的問題，例如：閱讀完武則天的相關歷史，其中無字碑留給後世來評斷功過，你會在無字碑上寫什麼呢？另外，就像一聽到秦始皇這個皇帝的名字，馬上聯想到的是「暴君」，因為他的焚書坑儒和勞民傷財。但是對統一國家的文字、經濟和交通，其實也有莫大的貢獻。從中，要讓學生從思考中得到：評論一個人或一件事情，要綜觀全貌，並有自己的立場。

實習這一年教授的八年級是國立編譯館的版本，下學期的內容是筆者不熟習的課程，從鴉片戰爭開始，一個戰爭接著一個戰爭，條約簽不完，好在終於建立了新國家，有袁世凱、軍閥混戰到八年抗戰，整個是非常複雜的一段歷史啊！筆者提出了沒有信心上這個部分課程的想法，沒想到實習導師回應說，可以去課室看她是怎麼上課。於是，筆者就走入了教室看

老師如何進行課程，如何把複雜的歷史事件簡化成有趣的敘述，然後有樣學樣地把這套教學方式複製在自己的課堂上。隨班指導的導師幾乎在每堂課後，都會給予自己鼓勵與支持，大大提升了授課的自信心。對於實習導師這樣願意教導的態度實在感佩，而且公開課室讓筆者觀摩學習到一〇八新課綱中公開授課的部分精神。

三　參加輔導團走出校外

擔任教職五年後，對教學內容有了一定的熟悉度，授課時在教學內容的設計和知識概念的掌握都越來越純熟。的確，身為教師的基本責任就是掌握教學內容主旨和概念，才能進一步把教學內容予以轉化。於是，任教幾年後在因緣際會下加入社會科輔導團，開始有機會走出校外參加研習、到校輔導提供教學資源並進行交流，在這樣的壓力下開始精進自己的教學。

在某次教學活動分享時，有位校長提問說：「八年級的學生可以這麼有條理的表達自己想法，平時是如何培養學生文字表達的能力？」筆者回答：「國文老師在課堂上教導寫作的技巧，自己則利用聯絡簿的心得讓學生有頻繁練習的機會。」現在回頭想想這些教學模式，不正是新課綱強調的跨領域合作教學的精神嗎？當初的嘗試讓現在校內在推動校訂課程時，更容易達成共識，以跨領域的方式進行主題課程。

在參與輔導團的這段時間裡，聽到很多社會科老師的心聲，就是課本內容很多，在考試和進度的壓力下，要進行教學創新的困難度太高了。當時的筆者也和這些老師一樣面臨相同的問題，開始思考能有何種的改變方式，於是嘗試在單元結束後利用課堂十分鐘提供學生思考的問題，例如：如果你生活在甲午戰後的知識分子，你會選擇康有為和梁啟超的改革變法，還是孫中山的革命運動？大多數學生的答案都是後者，因為滿清的腐

敗，所以要推翻。這是結果論的說法。讓學生反思這樣的說法是因為現在享受到了民主國家的好處，就認為歷史的發展應該要這樣。但在當時若要支持孫中山的革命行動就等於是叛國，加上結果不得而知，這是需要非常大的勇氣。

　　若用素養導向教學模式的四大原則來檢視當時的教學設計，其實已經從整合「知識、技能和態度」的部分發展到「脈絡化的情境學習」，也提供成功經驗鼓舞自己能繼續嘗試和挑戰。事隔多年後，參加增能研習和領域共備時，當初因輔導團而認識的昔日夥伴，今日又再度聚首，甚至有當年到校輔導過的社會科老師參與，雖然這段時間大家各自在領域內努力，但因對教學的熱忱和希望透過教學活動，讓學生真的能有帶著走的能力到素養的展現，讓我們又重新一起為課室裡的孩子共同努力。

四　參與校內計畫的自我成長

　　第一年參與磨課師計畫，教授到校諮詢時問：為何有這麼多老師願意參加計畫？第二年參與磨課師計畫，期中成果報告時，現場指導教授問：「為什麼學校可以進行跨領域的主題課程讓很多老師一起參與計畫？」當下回答：「校長是學校的領頭羊，自己先進行公開課，先嘗試進行不同型態的教學進行分享」，校長的積極促成是關鍵因素。後來，學校又陸續推動閱讀計畫、活化教學和前導計畫時，筆者找到了複選答案：「一群人走，可以走得更遠，因為有夥伴的相互分享、扶持與鼓勵」。偏鄉的孩子與老師都需要更多的文化刺激與調整，希望在這一波的新課綱中，透過計畫我們可以對自己的教學再做省視。

　　磨課師計畫是以「三國」作為課程主軸，也是第一次嘗試跨領域的整合，並透過Iknow平臺整合資訊與教學，藉此提升學生自學的動機。教師可以於課前將學生需閱讀的先備資料上傳網站做預習，可進行前測。學生的

書寫筆記,是學習歷程的記錄;同時,教師可以進行後臺的監測及整理,有助於課程規劃與設計。利用學校已有資訊設備,運用熟悉社群網路及知識分享平臺來擴大參與,而教師們的公開授課及觀課快速有效的提升整體教師的授課知能與技能

　　第一次的教學設計主軸是以瞭解魏晉時期的歷史脈絡,到形成三分天下的背景為基礎知識,從蘇軾的〈念奴嬌・赤壁懷古〉認識中國的水文,受年降水量和地形的影響,分為南船北馬的交通型態,進一步分析對歷史上赤壁之戰的戰術有何影響。希望學生能將所學歷史和地理知識結合,掌握歷史事件的因果關係,並以證據闡述論點的技能。另一方面,希望學生閱讀不同資料,學習理解、分析及整理史料的能力,去思考〈官渡之戰〉與〈赤壁之戰〉都是以寡擊眾得到勝利的戰爭,但曹操卻從戰勝者成為戰敗者的原因為何。

　　第二次的教學設計主軸是仍以三國為背景,希望學生應用所學來解決問題,於是提供情境問題來進行思考:在赤壁之戰後,曹操、劉備和孫權爭霸天下時,遭遇瘟疫時,該如何解決危機?目的是希望學生感受不同角色在面臨末日危機時的想法,及模擬會採取的行動措施。其中某班學生在最後針對危機提出解決方案和策略時,扮演被曹操挾持的漢獻帝,說出了要散播瘟疫來消滅群雄割據的局面,達到再度一統天下的目標,皇帝霸權的野心展露無遺。延伸至現實世界中,各個國家面對全球議題時,能拋開自身利益為共同解決問題而努力嗎?歷史似乎離我們的現實生活很遙遠,但歷史人物遇到的議題不論古今都是一樣的,要有不同的答案,希冀透過這樣的教學活動敦促學生反思。

　　在校內各項計畫的推行中,備觀議課是非常重要的一環,這也是新課綱要推動的公開授課。在小校困境即是同領域的老師人數一至三人,於是以跨領域的方式進行觀議課,是本校最大的特色。雖是不同領域,但每個領域都有可以學習的教學策略,不同專業領域的老師可以提出跳出框架的想法提供回饋。筆者在進行中南美洲氣候概念教學時,其中讓學生利用先

備知識並配合課文，將氣候牌卡進行「氣候類型」、「氣候分布」、「氣候圖」與「氣候特徵」的配對，最後利用抽鬼牌的方式讓學生進行「異質性」和「同質性」的PK賽。議課時，數學領域老師提供可以利用翻牌方式，相同概念時則得分，學生除了記圖卡位置外，也要把內容記下來，才能翻牌配對成功。筆者在進行下一課的非洲氣候概念教學時，便改進最後的遊戲規則，且分成初階版（24張牌卡，三種氣候類型）和進階版（48張牌卡，六種氣候類型）讓學生根據程度來複習所學，其效果比第一次施行的抽鬼牌來得更好，學生彼此之間能提供鷹架，對氣候類型的重要概念可以更熟悉。

五　新課綱種子講師培訓課程

在校長的鼓勵下參加十二年國教課種子講師的培訓，從初階培訓到進階的研習課程中，對新課綱實施背景和理念，及總綱的解析有一定的瞭解，並認識核心素養的概念和在課程上如何進行轉化。研習過程中，收穫最多的就是能聽到不同立場在新課綱這波浪潮下大家所做的努力。

聽教學現場的老師分享人民基本權利與義務的教學創新案例，轉化到教學時，先利用灑字卡活動，提供關於基本權利和義務的關鍵字，讓學生在沒有預習的前提下，根據字卡來分類和排列，並要說出其理由。雖沒有標準答案，但發現學生很容易落入依據重要性來排列的迷思。同時，配合世界人權日和〈羅莎‧帕克斯公車事件〉學習單，讓學生瞭解到生而俱有的這些人權是爭取而來的，對於世界人權宣言的內容知道的有多少？學生關心的又是哪些權利？學生提出「我們天生自由而且平等」、「沒有人可以剝奪你的人權」的論述，符合課本所提憲法所保障的基本權利，而「擁有屬於你自己東西的權利」則表達了國中生最想要的權利。

聽完其他縣市校長分享的校訂課程後，省思我們需關注的議題是什

麼？學校座落在一二八縣道旁，是石虎的活動範圍，同時在地許多人士主張拓寬道路求經濟發展，面對石虎保育和經濟開發兩難議題時，學生是這塊土地未來的主人，如何在這兩者間取得平衡，是需具備獨立思考和判斷能力。學校透過淨山健行活動，認識石虎的里山環境，而開發是如何破壞石虎的棲息地；另一方面，對於石虎時常咬食雞食的在地農家便抱持不同立場來看待石虎的保育。校內課程則是以提升學生閱讀理解的能力為基礎，瞭解家鄉在地歷史文化和自然環境，對石虎和其他保育類動物有更多的認識，進而藉由新聞時事培養學生媒體識讀能力，對自己所持觀點有所依據並能表達論述的能力。

　　為了讓學生感到受新聞報導如何影響讀者，設計「菜鳥記者初體驗」活動，讓學生先根據自己的想法將與咖啡相關的字句進行喜好排序，然後各組抽籤選定報社給的指定立場來重編內容，並就文章內容寫下標題，從「咖啡知多少？」、「喝咖啡『咖』好」、「咖啡正一步步摧毀你」，可以很清楚得知文章對於咖啡的立場。希望藉由活動過程讓學生感受到新聞內容不一定是中立的，要報導什麼內容的過程是可能經由人為的操作而形成的結果，因此對於平時所接觸的新聞或消息，不要一昧地相信，而能有辨別的能力。

六　課堂實踐家

　　如何將課程轉化成新課綱的素養導向模式發展，透過參加研習可以獲得許多教學資源和教學策略，尋找支持的夥伴進行教學設計的交流與成長。在輔導團結識的老師邀請下，開始參加夢N研習、教育部亮點教師研習，甚至加入苗栗縣社會科共備團體。有人問：為什麼要花這麼多額外的時間參加研習呢？因為研習可以激發對課程的不同教學設計，並走向素養導向的教學，注重脈絡化的情境學習，強調學生的學習歷程、方法和策

略，且在夥伴的支持下勇於在課堂進行實踐。

筆者從閱讀理解出發，透過課前導讀學習單讓學生在家完成課前預習，透過分組來進行教學活動，異質性分組可以看見學生之間的互學模式，賦予每個人不同角色給予責任並共同合作完成學習任務，例如如何利用資訊科技蒐集資料，介紹北美洲不同的都市特色，如果啟蒙思想家有臉書的話，貼文內容會是什麼等等，學生主動的學習可以獲得更多相關的知識。

常見傳播媒體行銷情人節的廣告，巧克力更是情人節禮物的代表，於是配合情人節實行「新的血鑽石──情人節巧克力」活動，透過不同角色文字的描述找出角色的立場（品牌企業／原料供應商／小農主人／當地農民），觀看相關影片後試以同理的角度寫下該角色會有的想法，身為國中生的孩子認為可以利用、社群媒體將影片傳播出去，讓更多人知道甜蜜的代價，或是在購買巧克力前查詢哪些品牌是血汗巧克力等等。印象最深刻的是某個學生提到這個活動讓她看到還有比自己處境更不好的人，要懂得知足，再怎麼難過的日子都要過。或許要拒買巧克力在現實生活中是困難的，但希望藉由這樣的教學活動，讓學生未來要購買巧克力前，能想起這些農夫的辛苦，實踐課堂上所寫下的作為，就能達到素養導向教學的目的──實踐力行的表現。

面對敘利亞的難民議題，要如何讓學生感同身受？透過「阿罕的生命歷程」讓學生直接面對「選擇」的議題，逃難時只能帶走三項物品，如何取捨？只能帶走生命中最重要的兩人，在生死關頭要如何決定？這是公民的經濟議題──選擇和機會成本概念的延伸，同時也時時刻刻發生在世界上的真實生活。學生說：一個是我最愛的媽媽，還有我的姐姐和妹妹，我無法割捨下其中任何一個人，選擇的困境和煩惱完全表現在學生沉重的心情上。

「如果有一天當你走進教室，你的同學都是古代帝王，那你想選哪一個座位？」學習中國眾多皇帝的豐功偉業後，選擇哪一個座位學生都有自己

的想法，例：身邊的乾隆、康熙和唐太宗都創造了盛世，一定很聰明而且十八般武藝都會，坐在旁邊可以學習到很多。更想瞭解唐太宗為了王位不惜殺死自己的親兄弟，其想法如何？其他兩位皇帝面對內部的叛亂，又是如何看待的？學生可以將所學的歷史知識來決定他的座位，同時又能對這些帝王提出自己的想法和疑問。

　　會考後進行「歷史大富翁」課程，遊戲規則和大富翁幾乎相同，但是沒有銀行會給組別基本薪水，因為要讓學生學習第一件事情，就是凡事要有付出才能有所得。答對歷史相關問題就可以賺得獎金，過路費和答錯都是要付出相對的金錢，這是天下沒有白吃午餐的概念。遊戲過程中，學生的認真程度和運氣使得各組間的財富差距越來越大。最有錢的那組學生，對於每次擲骰時都興致高昂，因為答對問題可以賺錢，有錢所以買了很多土地，也因此賺得很多過路費，這不就是有錢人會越有錢的情況嗎？而最沒錢的學生則問什麼時候遊戲結束？老師回答：遊戲直到某一組的財富破產而結束。聽完，學生的反應竟是：那我們趕快破產吧！本以為即將破產的組別會特別認真，想辦法趕快賺錢，結果卻毫無鬥志的想結束這一切。不禁思索：在資本主義的社會中，一切講求公平競爭，而窮人真的有翻身的機會嗎？雖只是課堂教學活動，卻看到了社會的縮影。

七　結語

　　面對新課綱推行之際，感謝有這樣的機會能省思自己的教職生涯，發覺其實每個階段都在做同樣的事情，什麼樣的教學策略對學生是有效的？情境化的教學會不會較能得到學生的共鳴？策略改變之後教室裡的風景不一樣了，教室裡的主角從講臺上的老師，變成講臺下眼神專注的學生，真正成為學習的主體，有時候討論聲很吵雜，提出一個問題讓學生思考時又突然的靜默，喜歡這樣的課室。一路走來雖然慢，但是有夥伴一起相伴，

可以支持彼此繼續往前努力；有了學生正向的回饋和行為的改變，可以支
持自己在教學上繼續挑戰，砥礪自己用行動的力量實踐新課綱「自發、互
動和共好」的精神。

從十二年國教總綱、領綱看素養導向教學

信義國小　　彭正翔

一　前言

朱熹〈觀書有感〉

半畝方塘一鑑開，

天光雲影共徘徊。

問渠那得清如許，

為有源頭活水來。

　　即將邁入二十一世紀的第三個十年，身為第一線的教育工作者不禁要自問：「如何教導學生面對未來的十年、二十年……」當我們小的時候哪裡會預測到幾年後會發明「可以上網的手機」，從3G到5G，更難想像科學家會研發無人駕駛車，我們也很難想像會有無人商店，會廣泛運用機器人，會有這麼多程式語言運用在生活中的點點滴滴，我們一方面不禁要讚嘆科技的一日千里、進步神速，與過去有天壤之別，另外一方面也不禁要擔憂將來下一代要面臨的挑戰是多麼的變化莫測，遠遠超乎我們的想像。

　　另一方面檢視當前臺灣中小學的教育現況，我們不禁要反覆咀嚼日本的教育學者佐藤學所發現的「教育病症」，他稱為「從學習中逃走」，他有如下的觀察與發現：「日本九十年代開始有『從學習逃走』現象，十年後，東亞國家也陸續發生，這是因為競爭太過激烈。我們看到學生在家自主學習時間減少，對學習的欲望也嚴重缺失，這可從各種國際性的學力調查中看出來。這有一個時代背景，西方國家花了二、三個世紀達成的現代化和經濟發展；東亞國家則在一個世紀、甚至半個世紀就達到了。東亞國家現代化過程被急速壓縮，所以教育必須非常有效率，於是發展出以考試升學為主的公式，考得越好、學歷越高、找到越好的工作，就能擺脫原有的社會階層與環境。教育成為孩子往上爬的手段。」[1]佐藤學的這段話不但一針見血的指出日本教育的問題，也如照妖鏡般投影出東亞各國（包含臺灣）教育的弊病！試想過去臺灣的學生是否仍被升學壓力而壓得喘不過氣來呢？是否經過六年中學的高壓學習，一到大學就紛紛「從學習中逃走」（大學變成由你玩四年的口號），學習變成一種應付，學習變成一種功利，當中的學習樂趣逐漸喪失。教育的本質應該是讓學習者能夠發揮優勢潛能，實現自我，而不是單單變成升學、考名校、讀熱門科系的唯一道路！

　　另外從臺灣參加的國際評量來看，例如 PISA 或 PIRLS 都顯示學生對於學習的樂趣大打折扣，對於學習的信心也很缺乏。這些國際評量顯示，儘管臺灣在某些科目（如數學）在國際評量拿到不錯的名次，但對於學習的內在動機和自我效能都不是很高，我們不禁要自我反省當前的教育，無論從課程、教材教法到評量，都需要改革。

　　我們常常聽到俗話說：「這個世代唯一不變的就是要『變動』，我們又怎麼能拿過去的知識、方法來教導面對十年後的挑戰的學生呢？」一想到這些，我們不禁要捏一把冷汗，詢問自己：「到底臺灣的未來教育要何去何從呢？」

1　佐藤學著，黃郁倫、鍾啟泉譯，《學習共同體》（臺北市：親子天下，2012年4月）。

　　的確，未來充滿未知，未來也難以掌握，從另一方面思考，我們能掌握的只有當下，能調整的、最能掌握住的，也就是當下。

　　如果對照十二年國教的理念：自發、互動、共好與希望能培育出具有核心素養的國民，以及教育出「終身學習」的學習者，在在都能發現符合未來教育的趨勢。

二　從總綱看起

　　國家課程綱要具有導引全國教育方向的功能，引領全國中小學教師新的課程與教學教法。翻開十二年國民基本教育的總綱，清楚的說明課程應具全人教育的精神，以自發、互動、共好為理念，並且強調學生是自發主動的學習者，學校教育應該善誘學生的學習動機與熱情，引導學生妥善開展與自我、與他人、與社會、與自然的各種互動能力，協助學生應用及實踐所學、體驗生命意義，願意致力社會、自然與文化的永續發展，共同謀求彼此的護會與共好。十二年國民基本教育的總綱把「成就每一個孩子、適性揚才、終身學習」當成三大願景，並且涵蓋了以下四大課程目標：啟發生命潛能、陶養生活知能、促進生涯發展、涵育公民責任。總綱就像這次教育改革的源頭，這個源頭注入了「核心素養」此一活水（對照閱讀朱熹〈觀書有感〉一詩），讓臺灣的教育界產生正向的蝴蝶效應。

　　「核心素養」是十二年國教的關鍵詞，我們也可以說素養就是新課綱的DNA（基因）。根據聯合國經濟合作發展組織（OECD）對於「素養」的定義：「素養包含了知識（學科知識、跨學科知識、實用知識）、技能（認知與後設認知技能、社會與情緒技能、勞動與實用性技能）、態度與價值。」[2]教育部對核心素養所下的定義是：「一個人為了適應現在生活及面對未來挑

2　張瀞文主編，《面對未來的能力：素養導向教學教戰手冊》（臺北市：教育部，2018 年 2 月）。

戰，所具備的知識、能力與態度。『核心素養』強調學習不宜以學科知識及技能為限，而應關注學習與生活的結合，透過實踐力行而彰顯學習者的全人發展。」[3]相較於過去九年一貫所強調的「能力指標」，十二年國教所重視的「核心素養」範圍層次又高了，比較兩者的差異可以發現：「『素養』要比『能力』更適用於當今的臺灣社會，『核心素養』承續過去課程綱要的『基本能力』、『核心能力』與『學科知識』，但涵蓋更寬廣和豐富的教育內涵。核心素養的表述可以彰顯學習者的主體性，不再以學科知識為學習的唯一範疇，而是觀照學習者可整合運用於『生活情境』，強調其在生活中能夠實踐力行的特質。」[4]

綜觀世界當今各國也都以核心素養為該國的課程中心，例如：丹麥有十大核心素養（社會素養、讀寫素養、學習素養、溝通素養、自我管理素養、民主素養、生態素養、文化素養、健康運動與身體素養、創造與創新素養）、芬蘭有七大核心素養（思考與學習如何學習、文化素養互動與表達、自我照顧及管理日常生活、多重讀寫能力、資訊通訊與科技素養、職涯素養與創業精神、分享）、法國有七大核心素養（法語的運用能力、外語的運用能力、數學科學與技術的基本素養、人文素養、一般資訊通訊科技的運用能力、社會與公民素養、自動自發精神）、紐西蘭有五大核心素養（思考、使用語言符號和文本、自我管理、建立與他人的關係、參與和貢獻），都可以看到各國重視的素養略有不同，也反映各國的制定者怎樣思維看待當前以及未來人類社會要面臨的問題。[5]

無獨有偶，中國大陸也在近幾年實施教育改革，他們認為：「學生發展核心素養，主要指學生應具備的，能夠適應終身學習發展和社會發展所必

3　張瀞文主編，《面對未來的能力：素養導向教學教戰手冊》（臺北市：教育部，2018 年 2 月）。

4　陳麗雲、畢英春著，《語你同行：玩出素養的語文課》（臺北市：五南圖書出版公司，2019 年 3 月）。

5　王惠英著，〈2030 年全球教育藍圖：融合知識、技能與態度的素養教育〉，《未來教育大藍圖：解讀十二年國教新課綱》，未來 family 教育特刊，2017 年 11 月。

備的品格和關鍵能力」。[6]不可諱言，中國政府透過教育來由上到下貫徹執行黨國意志、意識形態，在他們的課綱中處處提到「黨的教育」，他們以為：「核心素養是黨的教育方針具體化，是連接宏觀教育理念、培養目標與具體教育教學實踐的中間環節。黨的教育方針通過核心素養這一橋樑，可以轉化為教育教學十件可用、教育工作者易於理解的具體要求，明確學生應具備的必備品格與關鍵能力，從中觀層面深入回答『立什麼德、樹什麼人』的根本問題，引導課程改革和教育模式變革。」[7]

　　換言之，過去九年一貫的能力指標仍是以學科知識為重點，十二年國教的核心素養則強調認知、情意、技能兼顧，更強調將所學習到的知識技能運用在生活情境中，解決生活的問題的能力。

　　在新課綱的核心素養脈絡下，學者專家研擬了所謂的三大面向與九大項目（簡稱：三面九項），三大面向分別是：自我行動、溝通互動與社會參與，九大項目分別是：身心素質與自我精進、系統思考與解決問題、執行規劃與創新應變、符號運用與表達溝通、科技資訊與媒體素養、藝術涵養與媒體素養、道德實踐與公民意識、人際關係與團隊合作、多元文化與國際理解。[8]因為源頭上流發生改變，因此下流也產生變化。總綱底下的各領域領綱也要配合服膺總綱的精神，也就是各領域的領綱中的學習表現和學習內容，都要扣合總綱的三面九項與核心素養精神。

6　陳麗雲、畢英春著，《語你同行：玩出素養的語文課》（臺北市：五南圖書出版公司，2019年3月）。

7　陳麗雲、畢英春著，《語你同行：玩出素養的語文課》（臺北市：五南圖書出版公司，2019年3月）。

8　蔡清田著，《核心素養的課程發展》（臺北市：五南圖書出版公司，2018年1月）。如果參照閱讀可以發現中國大陸這次的課程改革也有類似之處：中國的核心素養以科學性、時代性和民族性為基本原則，以培養「全面發展的人」為核心，分為：文化基礎、自主發展、社會參與三個方面，綜合表現在人文底蘊、科學精神、學會學習、健康生活、責任擔當、實踐創新。陳麗雲、畢英春著，《語你同行：玩出素養的語文課》（臺北市：五南圖書出版公司，2019年3月）。

此外，因應未來的世界更複雜，人類遇到的問題更多元，針對延續九年一貫的重大議題，特將十二年國教課綱延伸為十九項議題教育，這十九項議題分別為：性別平等教育、人權教育、品德教育、生命教育、家庭教育、閱讀素養教育、安全教育、生涯規劃教育、法治教育、海洋教育、環境教育、戶外教育、能源教育、防災教育、多元文化教育、原住民族教育、國際教育、資訊教育、科技教育。[9]可以看出十二年國教比起九年一貫在議題融入教學方面更加深更廣。

三　從九年一貫到十二年國教

我常常回顧當年在大學修的乃是「九年一貫發展與實務」，當年教師諄諄教導我們的九年一貫，當年我們琅琅上口的十大基本能力：瞭解自我與發展潛能、欣賞表現與創新、生涯規劃與終身學習、表達溝通與分享、尊重、關懷與團隊合作、文化學習與國際瞭解、運用科技與資訊、主動探索與研究、獨立思考與解決問題。[10]不難看出新課綱深深受到九年一貫課程綱要的影響，可見新課綱並非無中生有，而是從九年一貫課程汲取精神養分，做更長遠的規劃與調整。

此外，如果細細比較九年一貫和十二年國教的差異，還出現在以下幾個地方：九年一貫以能力導向為課程理念，十二年國教以素養導向為課程理念。九年一貫為七大學習領域，十二年國教為八大學習領域，九年一貫彈性學習節數採比例制，使用無明確規範，十二年國教採固定制，使用有明確規範。九年一貫各領域學習階段劃分不一，十二年國教各領域學習階

9　國家教育研究院編，《議題融入說明手冊》，臺北市：國家教育研究院，2017年。

10　蔡清田著，《核心素養的課程發展》（臺北市：五南圖書出版公司，2018年1月）。蔡清田教授對核心素養的課程教學研究甚深，他認為三面九項的核心素養可以涵蓋九年一貫課程中的十大基本能力。

段劃分統一。九年一貫低年級設有生活課程與綜合活動，十二年國教將低年級的綜合活動融入生活課程中，此外十二年國教增設了「新住民語文」。[11]

四 帶得走的素養教學

素養導向教學乃為這次的新課綱的關鍵因素，其課程設計背後的主要精神是以學生為學習中心，范信賢曾指出：「素養導向的教學沒有固定模式，不定於一尊，只要是從其義涵中歸納出來原則的教學，接納各種有效教學方法，才會激發學校各現場更多改變和創新的可能。」[12]儘管教學是一門藝術，也是一門科學；范信賢認為還是可以從兩種路徑來設計素養導向的教學：一是從「三面九項」來設計教學，帶領學生建構自己的知識，二是參考素養導向教學的四大原則來設計。是哪四大原則呢？第一：整合知識、技能與態度，第二：情境脈絡化的學習，第三：強調學習方法與策略，第四：活用實踐的表現。[13]范信賢更進一步說明舉例，首先在整合知識、技能與態度方面，教師可以思考此教材可學的知識、技能與態度是什麼？怎麼樣把三者整合在一起？情境脈絡化的學習，以國語文教學為例，在於引導孩子思考作者的創作、表達的時候，怎樣確定論點？如何從正例、反例等舉出支持的論據。活用實踐的表現，范信賢以為：「文章的教學重點就不是在教翻譯，學生也在文章脈絡與生活情境裡學到方法與策略：作者的寫作寫法，以及他如何透過正例、反例、言例、事例等的交錯鋪陳，以表達他的主張。當學生這樣學習時，就不會覺得古文『與我無關』，

---

11 王惠英著，〈2030年全球教育藍圖：融合知識、技能與態度的素養教育〉，《未來教育大藍圖：解讀十二年國教新課綱》，未來family教育特刊，2017年11月。

12 張瀞文主編，《面對未來的能力：素養導向教學教戰手冊》（臺北市：教育部，2018年2月）。

13 張瀞文主編，《面對未來的能力：素養導向教學教戰手冊》（臺北市：教育部，2018年2月）。

而是可以活用古人的論證方式及文學技巧，建立自己的能力。」[14]從這裡可以看出教課文，不單單只是教懂教會課文的內容學科知識，更需要從課文中學習到策略與方法，這才是素養導向的教學。

素養導向教學另外一個重點在學跨學科的統整，以及在真實情境脈絡下的學習。要做到這兩點，必須老師先能夠自主的「跨科」、「跨領域」共備課程，可以透過學校內部的「社群」來運作，當然跨校共備或跨校社群也是可以的，教師之間打破自己的知識背景，合作設計出跨領域的校定課程。[15]校定課程是把過去九年一貫的「學校本位課程」加以調整、延伸與修改，校方各領域老師要先盤點既有的課程，並針對學校的課程做SWOATA（或SWOATS）分析。[16]

在真實情境脈絡下的學習也反映在課程評量設計中，過去知名的數學應用文題「雞兔同籠」被譏諷為與事實情境脈絡脫離，學生就算會解題，也無法應用在生活情境之中。從今年的大學考試試題就可以看出此一方向，大考中心更是明白指出，三大評量設計方向：「1.情境式命題：考題中會出現許多來自生活中的情境，或是學術探究情境，也就是實驗題。2.著重在閱讀理解、圖表判讀等整合運用知識的能力。3.跨領域、跨學科的綜整題型，將取代零碎、段的記憶與背誦型知識。」[17]

14　張瀞文主編，《面對未來的能力：素養導向教學教戰手冊》（臺北市：教育部，2018年2月）。

15　在十二年基本國教中，將「部定課程」是由國家統一規劃，以養成學生的基本學力，並奠定適性發展的基礎。「校定課程」則由各校自主規劃，以形塑學校願景與強化學生適性發展。「校定課程」在國小及國中為「彈性學習課程」，包含跨領域統整性主題／專題／議題探究課程，社團活動與技藝課程，特殊需求學生課程，以及服務學習、戶外教育、自治活動、班級輔導、學生自主學習等其他類課程。敬世龍著，《圖解課程發展與設計》（臺北市：五南圖書出版公司，2016年11月）。

16　在SWOTA分別是英文單字開頭縮寫：S（優勢）、W（劣勢）、O（機會）、T（威脅）、A（行動）、SWOTS：字尾的S表策略。

17　張瀞文主編，《面對未來的能力：素養導向教學教戰手冊》（臺北市：教育部，2018年2月）。

五 我的課例設計與分享

　　國語文能力是許多領域的基礎，語文學不好，其他領域也深受影響；國語文教育包含工具性、文學性、文化性，其重要性不言而喻。[18] 一○七學年度第一學期，因為本校實施觀開授課，我正好在上完三上的康軒版本第十四課〈賣油翁〉一文後，將〈賣油翁〉的寫作技法（以寫人為主的記敘文）融入作文教學，並在期末考試結束後作公開的觀議課。

　　此課程的教學重點放在記敘文的人物刻畫技巧，也就是「大部分的學者均將人、事、物、景納入記敘文的主要類別。寫人的記敘文以敘述人物之外貌、性格、語言、行動、心裡特徵為主要重點，亦即透過人物之刻畫，來表達思想感情。」[19]如果對照國語文領綱，可以發現在寫作方面，有下面幾項學習表現可以符應：

6-II-1　根據表達需要，使用各種標點符號。

6-II-2　培養感受力、想像力等寫作基本能力。

6-II-3　學習審題、立意、選材、組織等寫作步驟。

6-II-4　書寫記敘、應用、說明事物的作品。

6-II-8　養成寫作習慣。

對應到學習內容：

Ba-II-1　記敘文的結構。

如果從核心素養對照，則符合：

18　許育健著，《素養導向國語文評量設計實務》（臺北市：幼獅文化出版，2018年9月）。

19　楊裕貿著，〈十二年國教國語文課綱「記敘文本」學習重點探析〉，《第四屆國語文教學論壇論文集》，臺中市：臺中教育大學語文教育學系，2018年12月。https://epaper.ntpc.edu.tw/index/EpaSubShow.aspx?CDE=EPS20171019105017U03&e=EPA2016120911525920W

國-E-B1 理解與運用國語文在日常生活中學習體察他人的感受，並給
予適當的回應，以達成溝通及互動的目標。

國-E-B3 運用多重感官感受文藝之美，體驗生活中的美感事物，並發
展藝文創作與欣賞的基本素養。

　　一開始筆者從引起學習動機設計為起點，透過「句子變變變」的活動，
讓小朋友把句子的人物、時間、地點、事件四大要素打散，再由學生抽籤
重組成一句，其中有可能會遇到不合理的排列組合，藉此來引起學生的學
習動機。

　　在發展活動則透過「曼陀羅思考技法」促進學生對於寫人作文的寫作
材料蒐集。先由老師示範說明什麼曼陀羅思考技法？也就是九宮格呈現，
中間空格寫「主題名稱」，外圍有八格填寫切合主題的內容。[20]透過小組的
腦力激盪，學生填寫各種可能的答案，我再將學生的答案做歸類，並找出
上層概念，例如當各組的學生說出人物的五官、髮型、衣著等，老師協助
歸納為人物的外表。

　　接著搭配課文的統整活動練習，師生共同歸納整理出寫人物可以從四
大方面入手，分別為：人物的外型，人物的內在，舉一件事情說明對該人
物的感覺、評價、想法。接著透過看圖說故事，請小朋友發表〈倒數三分
鐘〉，學生先看圖發表，老師再秀出自己寫的文章。第二節課，則由小朋友
自訂我的○○，○○可以任選一位自己熟悉的人物來撰寫。

---

20 洪夢華著，《社會學習領域素養導向教學特刊：自主學習有策略，教學生如何學習》，臺北：
康軒文教事業有限公司出版，2019年。吳秀娟著，〈談曼陀羅思考技法融入閱讀理解教學〉，
新北市教育電子報231期。

六 課程的檢討與反省

上完這門課程，同學年的班導師們給予我如下的回饋如下：

1. 收集時間、地點、人物、事件便利貼後，請學生上臺發表的活動，學生踴躍發表，句子不合理時，全班開心的笑了，上課氣氛和諧。

2. 討論人物九宮格時，分組分工明確，班上沒有客人，老師到各組巡視討論狀況，並給予各組學生意見，學生能在時間內完成任務。

3. 學生上臺發表，老師提醒學生注意發表的同學，學生發表後要拍手鼓掌，給予學生鼓勵。

4. 記敘文四要素活動及人物九宮格討論結束後，老師能將內容統整歸納，使學生明確知道學習重點。

5. 以句子的四大重點，延伸寫作文章的四大重點，學生容易理解。

6. 分開發四大重點便利貼，不會寫錯張，可以避免學生混淆。

7. 提醒學生不會寫的字可以先寫注音，可以中斷思維。

8. 學生之間互動良好，會互相幫忙。

9. 引導落單者加入組內的小組討論。

10. 發表時提醒不要重複相同的內容，以節省時間。

11. 活動稍多，時間略有所不足。

感謝同學的導師們給我具體回饋，讓我看到教學的不足之處，也重新檢視自己的教學設計是否真的有以學生為中心，是否兼顧到學生的認知、情意和技能的學習。

七 結論

　　十二年國民基礎教育為目前的教育注入的新活水，也帶來空前的迴響，我認為這是個契機也是個轉機，把真正的學習權放下歸還給孩子，讓孩子自主學習，學習如何處理生活情境的真實問題，這也才是帶得走的素養。透過這篇文章的撰寫，我也反覆咀嚼與思維什麼是核心素養？什麼是素養導向的教學等等重要概念。未來的教職生涯還很長遠，希望我可以在這次的教育改革中跟隨教育的潮流，精進自己的教育專業知能，讓自己成為更專業的教育工作者。

附錄一

教學科目	本國語文	教學班級	三年三班
教材來源	自編教材、網路	教學時間	40 分鐘

壹、教學研究

教學構想	1.三年級正式學習習寫完整的一篇作文，課本大多為記敘文，因此從記敘文開始練習。 2.配合國語課文第十四課神射手與賣油翁，以及統整活動四，本節課練習記敘文（記人類）的寫作方法。
教學重點	1.學生能說出記敘文有四大要素：人物、時間、地點、事件（事情）。 2.學生能說出人物刻劃的寫作方法：外在外表、內在個性舉例說明、強化動作與對話、整體想法。
學生經驗	1.已經知道記敘文有四大類型（記人、記事、記物、記遊）。 2.會使用簡單的修辭技巧：擬人法、譬喻法、夸飾法、摹寫。 3.會使用常用的標點符號。 4.瞭解自然段和意義段。

貳、學習重點

學習表現	核心素養
6-II-1 根據表達需要，使用各種標點符號。 6-II-2 培養感受力、想像力等寫作基本能力。 6-II-3 學習審題、立意、選材、組織等寫作步驟。 6-II-4 書寫記敘、應用、說明事物的作品。 6-II-8 養成寫作習慣。	國-E-B1 理解與運用國語文在日常生活中學習體察他人的感受，並給予適當的回應，以達成溝通及互動的目標。 國-E-B3 運用多重感官感受文藝之美，體驗生活中的美感事物，並發展藝文創作與欣賞的基本素養。

學習內容

Ba-II-1 記敘文的結構。

目標編碼	教學活動	教學時間	教學評量
6-II-1 6-II-2 6-II-3 6-II-4 6-II-8	**準備活動** ◎引起動機：記敘文四大要素 ◎句子變變變 分成四大組每組各寫出人物、時間、地點、事件。 分別放入四個不同的籃子裡，再依照順序抽，組成一句。	5	已經知道記敘文有四大類型（記人、記事、記物、記遊）。
	發展活動 1.全班先朗讀〈我的老師〉，範文先各組討論看看	10	

描寫人物可以從哪些面向		
	人物描寫	

228

目標編碼	教學活動	教學時間	教學評量
	上臺報告並歸類 2.分組討論 　課文統整活動122和123並標示重點 3.老師講解 　如何掌握各段重點 　第一段：該人物的外型 　第二段：該人物的內在 　第三段：舉一件事情說明凸顯 　　　　　該人物的個性性格 　第四段：我對該人物的感覺、 　　　　　評價、想法 **綜合活動** **看圖作文（倒數三分鐘）** （此圖取在網路：陳淑玲老師提供 https://slidesplayer.com/ slide/11419471/ 各組先討論，再發表	15 10	學生能說出人物刻畫的寫作方法：外在外表、內在個性。 舉例說明、強化動作與對話、整體想法。

第二節課寫作練習：我的○○

我的老師 範文

快樂四神湯（改寫） 陳麗雲原著

班級： 姓名： 座號：

　　我的媽媽叫陳美麗，她有一頭烏黑亮麗的秀髮。媽媽總愛綁成馬尾，掛在腦後像個小跟班。水汪汪的大眼睛像是清澈見底的河水，小巧可愛的嘴像是紅櫻桃。又瘦又小的媽媽很喜愛運動，她常說：「要活就要動，能在陽光下流汗是件幸福的事呢！」

　　媽媽也很愛笑，而且笑起來很有感染力，從笑聲中我們都可以感受到媽媽的開心。遠遠的只要聽見媽媽的笑聲，就讓人嘴角忍不住跟著上揚到「十點十分」。媽媽笑的時候，不只是嘴角上揚，連眉毛也在笑，眼睛也在笑。媽媽認為「笑聲」是世界上最美麗的聲音，她常常說：「你笑，全世界都跟著你笑了。」媽媽也常把一句話掛在嘴邊，她總愛說：「只要用知足的心去看世界，就會知道幸福就在你身邊。」

　　媽媽還是全家人的健康守護神，更是千變萬化的魔術師。高超的廚藝是媽媽的專長。她最喜愛為我們做愛心料理，在媽媽的巧手變化下，一盤盤美味的飯菜上桌了。我們一定會把香噴噴的飯菜全部吃光，也一定會把熱騰騰的一鍋湯喝光光；因為媽媽說每一粒米都有農人辛苦的血汗，我們

一定要惜福感恩！我大口大口的吃著媽媽的愛心，吃進營養健康，吃進媽媽滿足的微笑，也吃進感恩的幸福。

前幾天，我和媽媽走在路上，看到一輛車子停在車水馬龍的路中間故障了，駕駛人緊張到站在車邊不知所措。媽媽要我先在路旁等著，她立刻走向駕駛人，拍拍他的肩膀，並捲起袖子幫忙用力推著車。看起來斯文瘦小的媽媽突然變成剛猛的勇士，令我佩服得五體投地。在媽媽的引領之下，好幾隻強而有力的雙手加入他們，有背著書包的高中生、有穿著筆挺西裝的上班族……他們都帶著笑容，合力將車子安全的推到路旁，那位駕駛人終於鬆了一口氣，一直向媽媽和大家行禮道謝。媽媽微笑的說：「這沒有什麼，每一個人都會遇到困難，互相幫忙是應該的。」

我終於知道，媽媽的「快樂四神湯」──知足、感恩、開朗、熱心，是讓生活更幸福美好的魔力。牽起媽媽的手，我覺得媽媽是個全天下最美麗的媽媽。

本文改編自：陳麗雲著，《麗雲老師談備課：人物篇、景物篇、詩詞篇》研習手冊（臺北市：康軒文教事業有限公司出版，2018 年）。

看圖作文

倒數三分鐘筆者編寫

　　從前有一位名叫莊聰明的小男孩，他有一雙濃眉大眼，眼睛大的像鈴鐺一樣。他喜愛運動，皮膚黝黑，全身被陽光照到古銅色。莊聰明活潑大方，只可惜常常忘東忘西、粗心大意，是大名鼎鼎的「糊塗鬼」。

　　有一次月考，莊聰明誤以為考卷只有一面，寫完考卷就悠閒的趴著休息，等到監考老師提醒說：「再過三分鐘就要打鐘，準時收考卷，請同學再檢查一次！考卷有兩面喔！」莊聰明這時候才恍然大悟，好像被雷敲醒，原來自己背面考卷全部空白，於是他使出渾身解數、九牛二虎之力，拚命寫背後的試題，可惜鐘聲響起，一切都來不及了！經過那次的教訓，我想莊聰明應該記取教訓，不再忘東忘西、粗心大意。

附錄四

課堂上的美麗風景

• 照片一：運用曼陀羅思考法，學生分組合作討論

• 照片二：老師引導寫作

課綱，在你我之間

后庄國小　　周夢詩・黃雅君

前語

　　依聯合國教科文組織研究「知識更新的週期時間」，由十八世紀的八十至九十年，到上世紀初，變更為三十年，上個世紀末更急遽縮短為五年，邁入滑世紀的現今，知識更新的速度約為二至三年。這快速的變遷似乎預告了傳統教育已不足以應付時代的變動，故聯合國教科文組織發布「教育2030行動框架」，提出「終身學習」和「優質教育」兩大願景，來指引未來國際教育趨勢，對於國際間風起雲湧的教育政策，臺灣這些年的教育改革、創新與探索從未停止過，九年一貫、九五課綱、九八課綱……就像我們的地球一樣，不停的運轉著，尤其是新課綱的願景與相關配套，基本上是與世界同步的，這勾勒著臺灣未來教育藍圖的新課綱，會有這一連串的改變，無非是期望臺灣的教育能跟世界接軌、能跟時代接軌、能跟專業接軌、能跟現場接軌。

　　課綱為因應未來變遷社會而強調以素養為導向的學習，學子不僅要懂得知識，更要學會能力，最重要的是具備良好的態度。身為滑世代的教師，在新課綱如火如荼展開之際，該如何接下這傳道、授業、解惑的棒

子，來確保教與學的有效質變？我想，唯有全然洞見時代獨特之脈動與課綱之全貌，方能在教育洪流中，確實掌握自身之座標與定位。於是我們透過各種研習來初探課綱所賦予的精神，但在研習之後，我們對課綱都有各自的解讀，尤其在教學的執行上，更面臨重重困難，幸運的是，我們藉由對話與激盪，彼此交流與分享，激發出許多新的火花。雖然在過程中，我們總是站在自己這邊，以自己是對、他人為錯的角度看待一切，卻也讓我們從中學習到看見彼此，瞭解彼此在想什麼？為什麼這麼想？現在想來，這不就是課綱中所謂的「批判」精神的培養嗎？我們總是期待學生能培養出具有批判思考的能力，卻不知不覺中，我們也就教學對話中練就了這樣的能力，原來，課綱的精神不僅存在學生與家長之間，也存在我倆之間！

然新課綱是未來教育的領航員，肩負定調教育願景與使命，不可不謂大事，猶記得王國維先生在《人間詞話》一書中曾云：「古今之成大事業、大學問者，必經過三種之境界：『昨夜西風凋碧樹。獨上高樓，望盡天涯路。』此第一境界也。『衣帶漸寬終不悔，為伊消得人憔悴。』此第二境界也。『眾裡尋他千百度，驀然回首，那人卻在，燈火闌珊處。』此第三境界也。面對新課綱之落實，我則以此三境界作為我們在接觸課綱後，在教學現場所受的衝擊及教學調整，分別做以下闡述：

A師的心路歷程與轉變

昨夜西風凋碧樹，獨上西樓，望盡天涯路

還記得初執教鞭之時，我總夢想著一群孜孜不倦的學生環繞身旁，一起愉悅的觀察地球生態、快樂的操作科學實驗、歡騰的參與課程活動……但真正進入教育現場，才發現事實並非如想像中美好，面臨的挫折似乎遠比感動多更多，當學生成績不佳時，家長質問的話語充斥耳畔，「老師，我

的孩子每一科都考九十分以上，為什麼只有自然科沒有考到九十分？」「老師，做這些活動是要做什麼？我沒有時間帶小孩去準備活動用品啦！小孩子讀書就好啦！做這些有的沒的，成績會變好嗎？」……漸漸地被這些話語「淹沒」的我，開始陷入成績迷思的泥淖中，我不停的思索著是該獨樹一幟、亦或順應民意？在難以抵擋的浪潮下，我妥協了，於是我「狂」拿出作業與考卷給學生練習，甚至要求學生一題題念讀、檢討。務必要求每題都必須精熟，為了「不放棄任何一個學生」，我利用課餘時間，為班上那些後段班的孩子進行補救。在我努力的耕耘之下，學生的成績成長曲線果然如預期中的往上爬升。

　　兩年前一個春日的午後，戶外天朗日清，正在上體育課的學生高聲喊著1、2、3、4、2、2、3、4的口號；教室內，正在上自然課的學生低聲讀著題目，講臺上的我，腦袋也隨著慵懶的讀題聲慢慢下垂，就在眼睛快要閉上之時，腦中的警鈴大作，提醒自己振作，為人師表的我，可不能打瞌睡呀！猛然抬頭，睜眼一看，映入眼簾的是──一張張了無生趣的稚嫩臉龐，一雙雙無精打采的眼睛，嘴巴一張一合的唸著題目，就好像離了水的魚兒，魚嘴一張一合的吶喊著苦痛！這樣的一幕，敲擊著我的心，我的心隱隱作痛著！此時，深沉清遠的下課鐘聲響起，學生敬禮後，我邁出這個令我慌亂的教室，一步、兩步後，耳畔響起學生高昂的歡呼：「耶！下課了！終於不用寫考卷、唸考題了！」這時，我才驚覺自己把學生訓練成只會考試的機器，也許在自然這門科目中，孩子學會了課本內的知識，但是這些知識真的可以變成能力嗎？除了知識、能力，還有態度，孩子能從我的授課課程中學到終身學習的態度嗎？想到這，我不禁加快腳步，越走越快，直到遠遠「逃離」這令人慌亂的教室，才停下腳步。我偏重成績的教學氛圍讓學生籠罩在痛苦中，雖然大量的練習讓學生的學習成績緩步提升，但也讓學生的學習動機急速墜落，這樣的結果是我真心想要的嗎？

衣帶漸寬終不悔，為伊消得人憔悴

懷著這樣的疑問，我和學校的夥伴說出自己在這個午後感受到的震撼，她在安慰我後，說：「這個疑問的答案，應該由你自己去找尋，只有你能為自己找到迷惘的出口！如果你還處於迷惘中，就和我一起去參加「一○八課綱研習」吧！或許你能從研習活動中找到未來的教學方向喔！」在她的盛情邀約下，我開始認識與探索「一○八課綱」的旅程，從教育部到各校舉辦的研習參訪活動中慢慢被課綱的精神折服，深深被課綱的願景所感動，我找到未來與學生共同前進的方向──教育不應只是讓學生學會知識，死背硬塞的知識無法與學生的生活產生連結，老師應引導學生主動學習，培養學生真正能應用於生活中的素養。

從「一○八課綱教師自動好」研習讓我從中初步窺視課綱的樣貌，課綱如同GPS衛星導航，肩負定調教育願景的使命，引導乘坐一○八課綱列車的師生們懷抱「成就每一個孩子──適性揚才、終身學習」的願景，以「自發、互動、共好」的基本理念為出發點，讓學生成為學習主體，透過課程與生活情境的結合，使學生能夠理解所學，進而整合運用，成為具備解決問題、推陳出新、實踐力行的終身學習者，並逐步達成「啟發生命潛能、陶養生活知能、促進生涯發展、涵育公民責任」的教育目標。初步窺視課綱的樣貌，但仍有許多疑惑存在心中：「一○八課綱要培養學生素養，在我的課堂中要如何進行？實施素養導向教學，我該怎麼做？」為了解除心中的疑惑，我覺得自己應該再參加研習課程，多研讀報導資料，更深入的探索課綱的內涵。

之後參加「素養導向教學設計工作坊」研習，透過研習講師的說明，讓我更明白過去以學科知識為教育的主軸，未來將改以「素養」為導向進行教學，教育從過去直接給學生魚吃，到教學生釣魚，未來「素養導向」的教學，不僅要教學生釣魚的方法，更要結合生活情境，讓孩子求知若渴，有想要吃魚的動機。透過實作，和研習夥伴一起腦力激盪設計素養導

向課程的過程，讓我認知到素養導向教學應在情境化、脈絡化的學習過程中，讓學生從中將知識、技能和態度整合運用，素養導向的教學更應注重學習歷程、學生使用的方法與策略，並透過實踐力行的表現來評量學習的成效。例如：學習如何製作一道糕點，閱讀食譜，知道所需材料、處理步驟，知悉進行烘焙的方法，是「知識」；動手清洗食材、攪拌調製、使用烤箱、調味，真實製作一塊糕點，是「技能」；將做好的糕點與親友分享，感受分享的喜悅，是「態度」。整個過程都在真實生活情境中進行，所學到的知識、技能與態度，會雋永的刻畫在學生的腦袋中。接著再讓學生嘗試加入不同的香料來進行調味，嘗試烤製時間對糕點口感或燒焦的影響……透過循序漸進、脈絡性的學習，會讓學生對烘焙甜點產生興趣，並能運用所學遷移到其他的甜點，慢慢地，學生的烘焙素養越來越好，成為一位甜點達人。如果在這個教學過程中，我們只教知識，進行評量時也只考知識，就如同師傅只教學徒食譜，結果學徒記了很多食譜，卻無法製作出一塊蛋糕，就算考一○○分又代表什麼？他真的學會製作甜點了嗎？教師規劃情境化、脈絡化的生活情境，將知識概念轉化為核心問題，讓學生實際動腦、動手解決核心問題，從中學到知識、技能和態度，才能幫助學生適應未來的生活，面對社會的挑戰。

　　透過參訪一○八課綱試行學校舉辦之「開放我的課堂——觀課與議課」研習，透過研習講師群的說明，我認知到公開觀課不是一場精心設計的表演，而是要促進教師的專業對話，教師只要呈現真實上課的樣貌即可。觀課前由教學教師進行「說課」，是為了讓觀課教師明白臺上教師的教學目標、學生特性等，協助彼此聚焦。在觀課時，應聚焦觀察學生的學習，而非觀看老師表演。觀課者要成為上課教師的「第三隻眼」，從客觀角度觀察學生行為，關心學生的學習迷思，甚至是身心狀態等。觀課之後，教師們坐下來討論，以觀察到的事實為討論內容，如：學生的互動情形、學習困難與解決過程等，並且避免評論教師、不批判也不下結論，保持開放的提出建議。當我實際邁入教室進行觀課時，親身觀看自然教室中的教學過

程，我看見教師在課堂上運用小組合作學習模式，交代學生各種學習任務，讓小組成員先透過互動交流、腦力激盪討論出解決問題的方法，再藉由動手操作、控制變因驗證解決方案的可行性，之後經過感官觀察、工具測量確認問題解決流程，最後小組成員分享觀察結果，歸納學習經驗，建構出自己的科學知識。在這個過程中，我發現學生主動進行學習，教師僅從旁引導學生思考，學生熱絡的進行討論分享，教師則耐心聆聽學生想法。之後，教師們共聚一堂，共同分享討論剛剛觀課的所見所聞，透過觀課者的眼睛，發現學生的學習歷程，讓教學者更全面瞭解學生的學習狀況；透過觀察者的耳朵，聆聽學生的討論互動，讓教學者更清楚學生解決問題的過程；透過觀察者的腦袋，思考學生的迷思與困難，透過教學者與觀課者專業對話從而激盪出具體建議與解決方法。這一次的研習，實際觀看教師教學是個有別過往的經驗，我發現當把觀察焦點聚焦在學生上時，可以輕鬆看見學生的優勢智能，可以清楚明白學生的學習歷程，透過教師專業對話可以聆聽其他教師的想法，激盪出更多的火花，助益學生學習，讓教學變得更熱絡、更精彩！

眾裡尋他千百度，驀然回首，那人卻在，燈火闌珊處

經過一〇八課綱研習，讓我更有動力進行教學，更清楚未來的努力目標，並開始嘗試在自然領域課程中進行素養導向的教學。如：在教學生「聲音」的單元課程時，我和教學夥伴一起討論、分享，共同設計課程內容，並引導學生完整透過真實情境和有脈絡的學習過程，學會構成聲音的要素之知識，學會利用環保素材做出自製的樂器，使用自製樂器進行演奏之技能，從小組合作學習中學會尊重他人想法，用心欣賞他人演奏的態度，並讓學生運用到日常生活中；觀議課時，透過專業對話聚焦於學生學習，更全面瞭解學生的學習歷程與困難，腦力激盪尋找助益學生學習的方法。

　　課綱，在你我之間，一場場交流串聯起彼此的想法；課綱，在你我之間，一遍遍對談重燃彼此的熱情；課綱，在你我之間，一次次轉變開展彼此的笑顏；課綱，在你我之間，透過教師專業對話，彼此間激盪出更多的火花，導引出更多的教學創意。

　　轉變教學的這一年多的時光，雖然初時，仍有家長對成績質疑的聲音出現，我卻更能站穩腳跟，堅定與家長溝通自己的教育理念，讓家長明白自己的教學目標，漸漸地，我們都發現孩子愁眉苦臉的臉龐轉為笑顏逐開的模樣，抱怨批評的心變成積極面對的態度，親師生間的衝突減少，互動增多，親師生間的怨懟變少，尊重變多。

B師的心路歷程與轉變

昨夜西風凋碧樹，獨上西樓，望盡天涯路

　　「如果考試領導教學，那何不從現在開始改變考試方向來領導教學走向！」這句話是我前些年參加研習，深深鑴刻在我內心的信念。身為行動派的我，迅速的把這句話帶入我的評量、我的教學。

　　對班級經營及親師溝通自我感覺良好的我，為了讓教學順利進行，首先寫了一封給家長的溝通信，宣示我將改變教學方向的決心。接著，我試著「閱讀」每個學生，瞭解他們喜歡什麼、害怕什麼？從中調整自己的教學。我將閱讀新聞當成是每週三的閱讀題材，試圖釋放學生的心智、打開孩子的視野，並帶著他們看見社會變遷的樣態、讓他們自己發現問題的全貌，又深怕社會主流價值影響學生行為，所以課餘我會傾聽孩子闡述自己的想法，並適時分享自己的經驗和意見，但我仍會將最終的選擇權歸還給孩子。

　　在一次讀書會中，我看到了Heck和Williams提出「邀請式教學」，內容

提及到教師主要功能在創造一個友善的學習環境，以維持某種生理、心理、社會情緒以及智力可以互相激盪的良好狀況，創造力便能自然地浮現。於是我將教室座位安排又做了轉變，ㄇ字形、分組討論模式……我會依教材內容和教學方式適時改變學生的座位編排，在分組教學中，讓每個孩子都能瞭解自己的學習目標，按照自己的步調發展能力與探索多元的學習機會，並學習與他人合作。除此之外，我教室裡的孩子可以感受到冒險、犯錯、懷疑、探索及反對是可以被接納的，看見他們散發出的那股自信，那一刻，我發現我找到師生相互映照生命的火花。為此，我打從心底的佩服我那超強的「空間智慧」及「人際智慧」。

一切的一切，似乎如預期般美好，正當我漫步在雲端之際，卻在那次的定期評量中，學生的成績表現讓這美好全都變了調，家長因為成績不如人意而陷入矛盾與掙扎，我開始省思自己的教學是否沒完全到位？我試圖衝破用分數塑型的迷霧，不斷的告訴自己，實力是無法用數字衡量的、努力的人生有時候是孤寂的，需要堅持！接著，教學現場出現一些不和諧的雜音，原本深植我心的執著變得搖搖欲墜。

衣帶漸寬終不悔，為伊消得人憔悴

回想當初投入教育的初衷、細數那年年代課的流浪生涯，是什麼樣的力量讓我堅持至今？那寧願燃盡，也不願鏽盡的豪情，直至今日還殘存多少？為了找回生命中漸漸喪失的那份熱情，我開始調整自己的心態，畢竟人在生命長河中，沒有人可以完全處於準備好的狀態，必須時時學習，學習以更廣的厚度與視野看待不同的事情或問題；學習面對不確定的未來，能認知自我的價值本位，找到挑戰自己與能力的位置。於是，在同儕夥伴的邀請下，我積極參與校內外、網路媒體中教師專業社群的分享與合作。接著，我與我的同儕夥伴進行教學現場三部曲——共備、觀課與授課，利用共備進行對話式溝通，設計適合學生學習的教材，透過觀課，觀察學生

的學習，討論學生的學習在哪裡出了瓶頸……我發覺學生原來是有能力學習的，或許我可改變自身的教學方式，於是我嘗試在自身的教學中，加入探究、實作課程，讓學生從中知道自己要學什麼及如何學習？並在現有的教學模式中，改變些習慣、轉變些想法……從學習中，漸漸的，我又重新拾回當初的溫度。

除此之外，我發現班上多數學生需要的是有個別進度的差異化教學，當然包含速度和內容，然而如果教室中的每個孩子都要有各自的進度，老師在實際教學中，是不可能達成的。於是我將班上同學分成六組同質性的組別，每個組別都自己為自己訂『信約』，承諾自己要達到的終點是何處？例如：數學科公因數與公倍數單元，因孩子們的程度不同，我將全班大略分為六組，每一組因能力不同，目標也跟著不同，有些組別只需要會找公因數和公倍數，有些組別則需公因數與公倍數的應用，我將自主學習的模式帶入教學中，先要求學生『至少』該學的進度，再逐步要求。自主學習的落實，不僅應用於學科，也應用於學生自己有興趣的內容，如有些同學對動物有興趣，有些同學對詩詞有所感動，透過自主學習的策略，孩子們透過「學習」、「應用」、「修正」這三個步驟來養成終身學習的能力。

在閱讀部分，我的閱讀題材不再限於文章、新聞稿，每一個人所說的話、每一張海報、每一條標語，都可以是我的教材。我不只重視文本形式的多元性、也注意不同溝通形式與媒介的多元性、及文化脈絡的多元化，更重視多種語文型態的綜合運用：口語、書面語、聽覺表徵、視覺表徵、觸覺、身體型態、空間等等。強調從學生的主體經驗出發，幫助學生思考語文對自己的用意及創造與文本互動的經驗。這種打破「能力本位」或「學科本位」的框架，建立平衡取向的語文教育觀，謂之「多元識讀能力」，它也是公民素養的一部分，也是各國推動素養教育的主軸之一。我把「多元識讀能力」應用在教學上，企圖培養學生體察不同的社會情境、文化脈絡的差異，瞭解如何利用語文進行理解、溝通，並能針對語文訊息進行高層次的思考、批判，以整合訊息，做出明智的判斷。

　　我主張「動手做」，改變教室的角落空間，再配合自然課程，利用簡單的積木、智高、回收物，再加上簡單的程式語言改編，讓學生利用課本內所學動力，自製交通工具。「動手做」的學習，解構了傳統教室的秩序，重新定義了老師和學生的角色：學生是創作者、老師是協作者、支持者，雖然從教室外來看，這是一堂沒有秩序、且不安靜的自然課，但是每個學生都在討論、實作、分享，「真實的學習」正熱烈並高度有效的在其中發生著。二十一世紀最需要的四大關鍵能力：創新、獨立思考、動機與解決問題便由此而生。

眾裡尋他千百度，驀然回首，那人卻在，燈火闌珊處

　　這一連串的教學改變，我改變了這數十年不變的教室風景，那個「你說我聽」的傳統教學思維。在我的教室裡，除了有會讀書的孩子、愛運動的學生，也有喜歡幻想的小朋友，每個孩子對我來說都不是相同的個體，他們擁有不同的特質與興趣，我是教室裡那個「懂孩子的大人」，努力設計課程，讓每個學生能發展自身的能力及探索多元的學習機會，反思自己的學習，使自己成為終身學習者以適應現在生活及未來挑戰。雖然我無法改變學生從學習中逃走的危機，但我會盡力挽救學生的學習動機，無論最終我成為一個什麼模樣的老師，但我會努力激發每個孩子的創造力，在面對未來的時代，他們能養成以彈性面對快速變化時代的新生存能力。

　　回首這些年教學現場的涓滴改革，雖然還沒有到全面性，但我可以感受到逐漸凝聚的共識；雖然還沒有擴展到每個角落，但只要有一個支點，槓桿擴展的效應會令人震撼。不過，無論環境怎樣變化，這股翻轉的浪潮如何巨大，我相信只要有計畫的翻轉及改變教學，面對多變的教學環境不要害怕失敗，並且不斷磨練及精進教師該有的能力，一定能繼續熱情地帶著孩子有勇無懼地向未來奔馳、一起感受教室風景的燦美與溫馨。此時，我身體裡又充滿了無限動力，讓我奮發前行。心中默念著孟子的名言：「天

將降大任於斯人也，必將苦其心志，勞其筋骨，餓其皮膚，空乏其身，行拂亂其所為，所以動心忍性，增益其所不能！」

結語

　　以上是我倆在面臨課綱實施之際，心情的轉折與教學的改變，因不甘於符應家長、學生、同仁等大眾對成功教學的期待，怕自身會不知不覺地接受校園內一個隱而不見的霸權共識——營造安靜的教室，提升學生的成績，才是稱職的教師之迷思，而力圖突破和超越困境，新課綱的願景讓我們找到了生命的主軸和工作的價值。在偌大的教育現場中，我深信還有許許多多的熱血教師，他們正在翻轉課堂、翻轉學生、翻轉教育……教育永遠不會完美，但只要愛夠深，就能將教育朝向更美好的方向前進。

　　世界不斷在變，尤其本世紀豈僅「百年銳於千載」，根本是瞬間即成一變局，面對不確定的未來，我們真正在乎的，是讓孩子在不可預知的未來世界裡好好生活，而不是對逝去的時代多麼的瞭若指掌。琳達‧葛瑞騰（Lynda Gratton）在《未來工作在哪裡？》一書指出，「試圖描繪未來圖像越來越重要，因為今天我們已經不可能靠過去的經驗，來推論未來、想像未來。」是故，學校教育的翻轉，重視素養的養成，將有助於未來人才的培育與教育品質的提升，課綱的關鍵素養就是終身學習，學習如何學習，學習跨領域成為 π 型人才，是未來教育需著重的。

　　新課綱已箭在弦上，不論是教師教學和課程設計，或是家長對孩子教育，還是學生本身的正確認知都需要重新建立，教師不僅教導學生合乎現實社會的需要，更需要突破現實的限制，以其智慧洞察社會的未來，教導學生為未來的生活作前瞻性的準備，而學生能夠踏出自己的舒適圈，面對新的事物有勇於探索、分析跟思考的能力，能夠去規劃跟執行，甚至能夠用新的方式去解決長久以來沒有被解決的問題。家長要習慣的，則是用更

「社會人」的角度，來看你的孩子有沒有在社會生存的基本知識、技能、態度——基本「素養」——而不是執著於一時的分數升降。

教室外的風景

但課綱能否成功落實，除了第一現場的教師需著力，相關配套措施也必須一應俱全，就以高中多元選修而論，原意是希望透過不同的選修課程，學生能夠彌補自身不足之處及發展自己的興趣，同時也能為未來做更多的準備。但選修有其名額限制，若課程選擇人數過多，未必每人都能選到自己想選修的課程，部分學生非自願性的被分配到其他課程；其次，多元選修中所謂「多元」，卻受限於師資，若開立多元選修課程時，學校的專業師資或外聘授課人員不充足，開設的選修課程選擇就會變少，不能完全符應學生的需求。最後還有授課時數問題，時數不足學生無法在課程學習中建構深入且完整的知識，造成部分學生獲得資訊太少，則多元選修變成只有華表的外衣，而無真實的內容，原本成就每一個孩子的美意不復存在。這都是教學現場外需要實質支援的部分。

二〇一五年聯合國教育科學文化組織發表《仁川宣言》，提出行動方案、逐步「實現2030年的教育願景」；隨後，又在中國青島會議後發布《青島宣言》，明確指出「把握數位時代的契機、善用資訊和通訊科技以引領教育改革」，美國、中國、新加坡承此脈絡，開展自己的數位教育政策，立意均在企求用數位科技打造下個世代的世界公民。為與國際接軌，教育部正在規劃的《2019-2022中小學數位學習中程計畫》，然而中小學數位學習的設備、師資、支持系統、平臺是否能具備齊全？偏鄉、弱勢、離島、小校的師資與資源是否無虞？從小學到高中，數位學習的銜接及期待的目標，能否能達成？這也非教室內教師所能主宰的。自筆者任教以來，在學校落實數位學習早已行之有年，但都僅限於活動、比賽，《2019-2022中小學數

位學習中程計畫》是否能將焦點放在課堂上及課堂外的自主學習，似乎必須等待時間來證明。然臺灣若錯過了這波數位學習的浪潮，如何與國際接軌？如何面對工業4.0、第四次工業革命、AI時代的來臨？

新課綱的願景宏大，立意良好，但在實際執行時，仍有許多細節需要注意，也有許多需要政府與社會支援之處，如此才能讓課綱的施行更完善，讓課綱的目標能真正落實。教育工作任重而道遠，未來實行新課綱時，仍有許多挑戰需要克服，期許政府、社會、學校能共同克服難關，教師群體能團結一心，一起為學生的學習而努力，成就每一個孩子。

孩子——終身學習者

新興國小　　楊先芝

　　孩子，讓我們一起走，走出教室，感受改變，也許變化與跟從總是難以抉擇，但是從能力到素養的這段路上，讓我們一起成為養精蓄銳的終身學習者吧！

孩子，讓我們一起走

　　近來，網路上正傳著一部影片：「最難的一堂課」，影片內容主要是導演邀請了幾位老師，分享他們教書生涯至今，最難的一堂課。影片中的幾位老師，在「教人」還是「教書」間，在學生「現實的考試成績」與「理想的夢想興趣」間的拉鋸，如此左右為難的地方，就是最難的一堂課。

　　看著看著，不禁也開始問自己：身為一位老師，最難的一堂課，到底是哪一堂課？一千兩百年前，韓愈的〈師說〉裡告訴我們：「古之學者必有師。師者，所以傳道授業解惑也。」一千兩百年後，老師們依舊做著這些事情：傳道，傳授道理的同時，也培養學生的人格；授業，教授書本上的知識，讓學生具備基本技能；解惑，在教學的過程中，不斷的解決學生的

問題，幫助學生成長。

　　然而，在參加過無數場十二年國教新課綱的研習後，我認為師者的角色，應該被賦予全新的詮釋。現在的學習者，仍然需要師者，而這位師者，依舊背負著傳道、授業、解惑的任務，但卻也要同時是一位學習者，與孩子們一起走在學習的路上。

　　這樣一個亦師者亦學者的角色，就是要在授業前，與同為師者的夥伴一起備課，為即將進行的教學做準備，並在觀課後，進行議課，透過不斷的反思、對話，依據教學目標與學生學習狀況，時時進行調整，且要將「知識、技能、態度」這三個概念放在心上，當孩子們在學習的過程中，這三種概念的培養逐漸成形，他們的「核心素養」也呼之欲出。

　　其中，最重要的是學習者的「態度」，是師者要傳之道，也是十二年國教新課綱最關鍵的部分。因此，師者不再故步自封，而是透過不斷的討論、修正，依據學習者的特性調整教學步伐，同時也要一直是一位學習者，在「授業」的同時，也進行著「傳道」。

　　至於「解惑」，在十二年國教新課綱中的「三大面向」——自主行動、溝通互動、社會參與，及其下的「九大項目」——身心素質與自我精進、系統思考與解決問題、規劃執行與創新應變、符號運用與溝通表達、科技資訊與媒體素養、藝術涵養與美感素養、道德實踐與公民意識、人際關係與團隊合作、多元文化與國際理解，都是立基於生活情境中，師者以這三面九項出發，提供學習者從中解決問題的能力，並鼓勵學習者主動發現問題，獨立面對問題，最終能透過所學，思考解決問題的方式，進而透過行動去解決問題，與以往師者直接提供解決問題的教學方法大不相同，也更能達到學習者「核心素養」的建立。

　　身為一位老師，最難的一堂課，我以為是要能重新定位師者的角色，與孩子一同走在學習的路上，教學本來就會相長，同樣的教材在不同的孩子身上，總會擦出不同的火花，而我們更要把握那些燦爛的煙火瞬間，記下精彩與感動，因材施教，再去點燃更多孩子獨一無二的學習火花。因

此，讓我們與孩子們同行，透過學習、行動，進而共同成長。

走出教室，感受改變

課綱推陳出新，教室是不是也該跟著改變呢？自從校內十二年國教課綱的核心團隊開始運作，老師們也開始就現有的學習模式，進行一些嘗試與改變。這種由下而上的改變，從六年級的畢業旅行開始，同樣是兩天一夜的行程，捨去驚險刺激的遊樂園、捨去集體交由旅行社規劃的制式行程，改由學年老師共同討論，並賦予每項行程意義，引導學生從中實踐所學以及體驗不同於教室內的學習方式。

畢業旅行的第一天，學生來到北海岸，觀賞藝術家創作的沙雕及漂流木藝術作品、認識海岸附近的各種生物形態，更對深具歷史意義的抗日紀念碑進行自主學習與認識。而在眾多的觀光工廠中，雀屏中選的是鉛筆工廠，從小就陪伴學生學習的鉛筆，從來沒有課本對它多做介紹，學生也總有現成的鉛筆可用，但這一切一直到此，終於讓學生對「鉛筆」改觀，從起源到不斷進化的認識，再加上自己動手製作了屬於自己的畢業禮物：鉛筆，簡單卻又意義深重，原來平常不以為意的學習工具，占了自己學習生涯中的重要地位。

畢業旅行的第二天，是一場難得的校際交流。宜蘭縣蘇澳鎮的岳明國小，是全臺首所公辦民營實驗學校，「海洋」是他們的最具優勢的課程資源，據此也發展出一系列的校本課程，其中最令人羨慕不已的，是岳明國小擁有全臺獨一無二的「海洋體育課」：二年級學游泳、三年級有每學期十五節的帆船課、四年級進行衝浪課、六年級學浮潛。因此，在畢業旅行的第二天，兩校學生們先進行了一場躲避球的友誼賽，展現運動家的精神，接著，岳明國小的自然老師，為畢業生們上了一堂生活中的趣味科學，用不起眼且平凡不過的打包帶，指導學生動手做玩具，並從中學習「力的定

律」。下午，師生們來到冬山河，進行風帆體驗，帆船教練對孩子們說了一席話：「開帆船的第一課就是學翻船，落水之後的自處與再接再厲，比學會操縱帆船更重要。帆船需要風，有風的時候，可以順風而行，但順風時也是最容易翻船的時候；偶爾逆風航行，反而能更專注；無風的時候，我們學習等待，自在獨處也需要學習。」這無疑是對這群畢業生，最難能可貴的人生禮物。

學生們透過趣味科學、風帆課程的體驗，從中感受岳明國小學生們的學習精神，而參與的教師們，也因此瞭解校本課程的發展與建構，必須先從學校本身擁有的優勢資源著手，進而發展出適合本校學生的校本課程。這場難能可貴的畢業旅行，並未因時間而落幕，回到學校後，學長姐向學弟妹分享、參與畢業旅行的老師向未能前往的老師分享，在師生間均種下了希望與改變的種子。

有了六年級學長姐的分享與激勵，三年級學生的校外教學，也正好搭上臺中市的花博之約宿營體驗活動，進行了一趟整整兩天一夜且精彩萬分的校外教學。出發前，三年級的孩子們先練習摺睡袋，並且將兩天一夜需要攜帶的東西列出、分類，做好萬全準備後，也開啟了這趟難忘旅程的序幕。

宿營體驗的第一天，從上午九點甫抵達臺中市的大秀國小，孩子們就開始驚呼連連的體驗。首先，孩子們跟著主任認識大秀國小的校園，從貌似正在吵架的夫妻樹、及一整排果實大有用途的水黃皮，雨後的操場上，紅姬緣椿象正聚集在司令臺旁，孩子們與椿象們有了最近距離的親密接觸。而廚房前的桑葚樹上，正結著綠、紅、黑三種顏色的果實，主任詢問孩子們：「猜猜看，哪一種果實最甜呢？」就在孩子們一陣亂猜之後，有個孩子說：「讓我們吃吃看就知道了啊！」於是，看著孩子們皺成一團的臉蛋，然後大聲喊出心中的答案，那種一輩子難忘的酸澀在孩子心中烙印的答案，遠比我們拿著課本告訴他哪一種桑葚最甜，更能為他的學習與思考，留下永難忘懷的深刻記憶。

三年級的孩子自己準備三餐？在一片質疑與擔心中，他們仍然自己洗菜、切菜、備料，不只完成午餐的窯烤披薩，晚餐的四道菜：番茄炒蛋、三色時蔬、蔥爆豬肉、紅燒魚，也是在驚呼聲中完成，道道色香味俱全，這一連串分組合作準備餐食的過程，孩子們其實就在運用系統思考、人際溝通，去規劃執行學習任務，最後解決當前重要大事：肚子餓。這個過程也是一個很重要的學習起點，因為回到學校後，當孩子們開始學習均衡飲食以及六大類食物時，可以再去反思這些食材對自己健康的影響，最有趣的是，他們還有一個最深切的體悟：「老師，我突然覺得媽媽對我好好，每天都煮很豐盛的晚餐給我吃，這次我自己煮菜，才知道媽媽好辛苦！」

「玩」，理所當然是校外教學中，孩子們最期待的成分。大秀國小安排的宿營活動，帶孩子們去拜訪了學校附近兩個重要的景點：充滿體能挑戰的鰲峰山運動公園、生態豐富的高美濕地。當你看見平常學業成績總是落後的孩子，卻是冒險小徑上勇往直前，第一個完成挑戰任務的孩子；當你看見平常迷糊分心的孩子，專心致志只為尋找各種濕地生物，還有那觀察招潮蟹姿態的炯炯有神的雙眼；你也會從他們身上，看見「因材施教」、「適性揚才」的重要，教育不就應該提供各式各樣的可能、應該給予多樣多元的選擇，讓學生透過身體力行，去探索出屬於自己的路嗎？而強調核心素養的十二年國教新課綱，也是在生活情境中，不斷的滾動，為孩子們營造「有感」的學習，培養核心素養。

走出教室，我在這兩場校際交流間，更清楚十二年國教新課綱的方向，因為我也正像孩子們一樣，同時是一個學習者，透過研習增能，透過實際體驗，感受新課綱的精隨，還有即將帶來的改變，令人期待。

變化與跟從

我們總是說孩子就像一張白紙，給予什麼就吸收什麼，但我認為教師

更該引導孩子去思考：什麼該保留、什麼該捨去。而身為教師，也許不再能當一張白紙，但我們應該擁有更開放的思維、更勇於嘗試的去改變，如同時間一再前進，我們對教育的定義也一直在改變，無不希望孩子們能具備足夠的養分，因應瞬息萬變的未來社會。因為時代的變化，教育方針的變化，身為老師，在開始實施十二年國教課綱前，最重要的一步，就是「改變」。

　　站在教學第一線的老師們，對於新課綱，總有疑問：「不就跟九年一貫一樣嗎？只是換湯不換藥！」「校本課程是什麼？閱讀課程、學校行事、社團排一排，不就排滿就好了嗎？」「課程計畫？不就行政人員去研習，然後書商會給範本，像之前一樣交差了事就好了啊！」不過，在經過校內核心團隊密集的課綱研習、反覆思考、不斷討論，還有七彩便利貼的大、中、小系統課程研發的活動後，這些疑問將能一一解答，而解答的關鍵，都源自於教師本身的開放性思維，以及是否願意跟隨教育環境變化而進行改變的心。

　　現今國小教學現場的老師，不可否認的，大多數都相當盡責，但也因種種因素，常困在「最難的一堂課」間，「找到能共同努力的夥伴」成為大家相互討論、相互鼓勵打氣的第一要務，也因此，王政忠老師在臺灣發起「夢的N次方」，就是提倡教師共同備課，透過彼此交流與精進研習，讓老師們更有力量在教學上持續前進，而新課綱強調的核心素養，正與這一波全國教師由基層開始的夢的力量相呼應：以最貼近生活的多元教學方式，一改過去科目本位，而以素養導向作為教學的終極目標。各校的核心團隊，因而形成，那種一起奮鬥、互相琢磨課程的情感，也建立在教師對自我的要求精進上，至今我仍相當慶幸，自己是核心團隊的成員之一，有夥伴一起走，能走得更遠、更久。

　　瞬息萬變的社會，我們都需要一個目標，而新課綱提供的核心素養，讓教師們在跟從的同時，又能因應各校特色，透過不斷的腦力激盪，去形塑出能適性揚才的課程，這不是盲目的跟從，而是一種有機的循環，讓核

心素養能成為孩子面對未知未來的強大後盾。

我相信，當教師願意看見變化，願意嘗試改變，就跟從自己的心，以核心素養為目標，透過不斷的對話、不斷的修正，終能與孩子一同前進，不被歷史洪流淹沒。

從能力到素養

九年一貫強調要培養學生「帶著走的能力」，十二年國教新課綱強調學生要具備「核心素養」，兩者間孰輕孰重？在一次課綱研習中，講師的一句話為我撥開了迷霧：「素養並非拋棄能力，而是整合所有能力」，因此我相信，用來整合所有能力的就是「態度」，而這也是核心素養的關鍵。

我們規劃並設計課程，準備教給學生「知識」與「技能」，但貫穿這兩者的，就是「態度」。學生學習各種知識、技能，不只是因為很重要，還要去感受、理解「為什麼重要？」三年級的孩子千辛萬苦做好窯烤披薩之後，在準備要平分披薩的時候，突然恍然大悟：「老師！數學課上學的分數，現在就可以用到耶！」為了不引起糾紛、為了盡快大飽口福，孩子們依據出爐的披薩數量，計算好每塊披薩要平分的片數，最後多出來的一片，正好留給最辛苦為大家顧柴燒窯的主任。這不就正說明，學生習得數學知識，要能應用於生活中，也要能運用態度去調整最終的結果，也許不是考卷上固定的標準答案，但卻是最有人情味的一種態度。

從能力到素養，我期待更有彈性的課程規劃，也期待能給學生更真實的學習，當他們知道學習為什麼重要，就能「自發」，有意願、有動力去學習，當他們願意付出心力去學習，就能透過「互動」，讓自己有知識、有方法，最後，有善念且能活用，也進一步能「共好」。

養精蓄銳的終身學習者

從九年一貫到十二年國教，有一件顯而易見的事情，就是國民教育向上延伸，「終身學習」成為每個人的重要課題。教師不只是教學者，更同時要是一位學習者，運用現有的教學資源，發展校本課程，帶動學校、社區以及全校親師生的自發、互動、共好。

在近幾次校內的新課綱研習過程中，老師們都相當有感觸：「我一個人可能沒辦法做到，可是當大家一起討論，好像力量也更強大了。」「集思廣益，出發點不只是為了學生好，對自己也是一種新的挑戰，不知不覺都熱血了起來。」而校訂課程也在幾次的大、中、小系統的探討中，逐漸成形，老師們也躍躍欲試，期待能帶給學生更真實貼近社會的學習。

如果說十二年國教課綱是為了孩子們成為終身學習者而存在，那麼在教學現場的老師們，更是重要的推手，自己理所當然也該成為一位終身學習者，伴著孩子們一起與時俱進，十二年國教課綱，其實就在社區與學校之間、在教師與學生之間、在你和我之間。孩子，我們一起做好準備，成為一位養精蓄銳的終身學習者，勇於面對挑戰，讓課綱在你我之間持續發酵，最終醞釀出各有特色的芬芳果實。

課綱在你我之間

主　　　編	徐永鴻	
責任編輯	呂玉姍	
特約校稿	林秋芬	

發 行 人	徐耀昌
出 版 者	苗栗縣政府
地　　　址	苗栗市縣府路 100 號
電　　　話	037-322150
傳　　　真	037-324626
編 輯 所	萬卷樓圖書股份有限公司
排　　　版	菩薩蠻數位文化有限公司
印　　　刷	森藍印刷事業有限公司
封面設計	菩薩蠻數位文化有限公司

發　　　行	萬卷樓圖書股份有限公司

臺北市羅斯福路二段 41 號 6 樓之 3

電話 (02)23216565

傳真 (02)23218698

電郵 SERVICE@WANJUAN.COM.TW

香港經銷　香港聯合書刊物流有限公司

　　電話 (852)21502100

　　傳真 (852)23560735

ISBN 978-986-05-9877-3

2019 年 9 月初版

定價：380 新臺幣元

如何購買本書：

1. 劃撥購書，請透過以下郵政劃撥帳號：

　　帳號：15624015

　　戶名：萬卷樓圖書股份有限公司

2. 轉帳購書，請透過以下帳戶

　　合作金庫銀行　古亭分行

　　戶名：萬卷樓圖書股份有限公司

　　帳號：0877717092596

3. 網路購書，請透過萬卷樓網站

　　網址 WWW.WANJUAN.COM.TW

大量購書，請直接聯繫我們，將有專人為您服務。客服：(02)23216565 分機 10

如有缺頁、破損或裝訂錯誤，請寄回更換

國家圖書館出版品預行編目資料

課綱在你我之間 / 徐永鴻主編. -- 初版. -- 苗栗市 ：苗縣府 ；臺北市 ：萬卷樓發行,
2019.09

　面 ；　公分

ISBN 978-986-05-9877-3(平裝)

1.國民教育　2.課程綱要

　521.7　　　　　　　　　　108013535